IMAGEM, ARTE, ÉTICA E SOCIEDADE
PERCURSOS DE PESQUISA

Volume III

Editora Appris Ltda.
1.ª Edição - Copyright© 2025 dos autores
Direitos de Edição Reservados à Editora Appris Ltda.

Nenhuma parte desta obra poderá ser utilizada indevidamente, sem estar de acordo com a Lei nº 9.610/98. Se incorreções forem encontradas, serão de exclusiva responsabilidade de seus organizadores. Foi realizado o Depósito Legal na Fundação Biblioteca Nacional, de acordo com as Leis nᵒˢ 10.994, de 14/12/2004, e 12.192, de 14/01/2010.

Catalogação na Fonte
Elaborado por: Dayanne Leal Souza
Bibliotecária CRB 9/2162

I311i 2025	Imagem, arte, ética e sociedade: percursos de pesquisa – volume III / Kátia Mendonça, Jorge Oscar Santos Miranda, Helio Figueiredo da Serra Netto (orgs.). – 1. ed. – Curitiba: Appris, 2025. 171 p. : il. ; 23 cm. – (Coleção Ciências Sociais). Vários autores. Inclui referências. ISBN 978-65-250-7139-8 1. Imagem. 2. Arte. 3. Ética. 4. Sociedade. I. Mendonça, Kátia. II. Miranda, Jorge Oscar Santos. III. Serra Netto, Helio Figueiredo. IV. Título. V. Série. CDD – 303.485

Livro de acordo com a normalização técnica da ABNT

Appris editorial

Editora e Livraria Appris Ltda.
Av. Manoel Ribas, 2265 – Mercês
Curitiba/PR – CEP: 80810-002
Tel. (41) 3156 - 4731
www.editoraappris.com.br

Printed in Brazil
Impresso no Brasil

Kátia Mendonça
Jorge Oscar Santos Miranda
Helio Figueiredo da Serra Netto
(org.)

IMAGEM, ARTE, ÉTICA E SOCIEDADE
PERCURSOS DE PESQUISA

Volume III

Appris
editora

Curitiba, PR
2025

FICHA TÉCNICA

EDITORIAL
Augusto Coelho
Sara C. de Andrade Coelho

COMITÊ EDITORIAL
Ana El Achkar (Universo/RJ)
Andréa Barbosa Gouveia (UFPR)
Antonio Evangelista de Souza Netto (PUC-SP)
Belinda Cunha (UFPB)
Délton Winter de Carvalho (FMP)
Edson da Silva (UFVJM)
Eliete Correia dos Santos (UEPB)
Erineu Foerste (Ufes)
Fabiano Santos (UERJ-IESP)
Francinete Fernandes de Sousa (UEPB)
Francisco Carlos Duarte (PUCPR)
Francisco de Assis (Fiam-Faam-SP-Brasil)
Gláucia Figueiredo (UNIPAMPA/ UDELAR)
Jacques de Lima Ferreira (UNOESC)
Jean Carlos Gonçalves (UFPR)
José Wálter Nunes (UnB)
Junia de Vilhena (PUC-RIO)

Lucas Mesquita (UNILA)
Márcia Gonçalves (Unitau)
Maria Aparecida Barbosa (USP)
Maria Margarida de Andrade (Umack)
Marilda A. Behrens (PUCPR)
Marília Andrade Torales Campos (UFPR)
Marli Caetano
Patrícia L. Torres (PUCPR)
Paula Costa Mosca Macedo (UNIFESP)
Ramon Blanco (UNILA)
Roberta Ecleide Kelly (NEPE)
Roque Ismael da Costa Güllich (UFFS)
Sergio Gomes (UFRJ)
Tiago Gagliano Pinto Alberto (PUCPR)
Toni Reis (UP)
Valdomiro de Oliveira (UFPR)

SUPERVISORA EDITORIAL
Renata C. Lopes

PRODUÇÃO EDITORIAL
Maria Eduarda Pereira Paiz

REVISÃO
Camila Dias Manoel

DIAGRAMAÇÃO
Andrezza Libel

CAPA
Kananda Ferreira

IMAGEM DE CAPA
Cezar Sampaio

REVISÃO DE PROVA
Jibril Keddeh

COMITÊ CIENTÍFICO DA COLEÇÃO CIÊNCIAS SOCIAIS

DIREÇÃO CIENTÍFICA
Fabiano Santos (UERJ-IESP)

CONSULTORES
Alícia Ferreira Gonçalves (UFPB)
Artur Perrusi (UFPB)
Carlos Xavier de Azevedo Netto (UFPB)
Charles Pessanha (UFRJ)
Flávio Munhoz Sofiati (UFG)
Elisandro Pires Frigo (UFPR-Palotina)
Gabriel Augusto Miranda Setti (UnB)
Helcimara de Souza Telles (UFMG)
Iraneide Soares da Silva (UFC-UFPI)
João Feres Junior (Uerj)

Jordão Horta Nunes (UFG)
José Henrique Artigas de Godoy (UFPB)
Josilene Pinheiro Mariz (UFCG)
Leticia Andrade (UEMS)
Luiz Gonzaga Teixeira (USP)
Marcelo Almeida Peloggio (UFC)
Maurício Novaes Souza (IF Sudeste-MG)
Michelle Sato Frigo (UFPR-Palotina)
Revalino Freitas (UFG)
Simone Wolff (UEL)

Para
Rildo Ferreira da Costa
(in memoriam).

Pois somente na santidade, só nela,
encontra o homem a convicção
sem a qual nada faria sentido,
a convicção da veneração
que se dirige ao mais alto e que,
precisamente por isso, é pura simplicidade sobre a Terra:
ajudar o próximo é bom, o assassinato é mau,
simplicidade do absoluto.
Todo santo luta por esse absoluto,
aproxima-se do martírio e, atraindo para si
a vida simples, a eleva à santidade,
rumo à única convicção suportável,
rumo à pureza mais simples.

(Hermann Broch)

SUMÁRIO

INTRODUÇÃO..11

UM PASSADO NÃO TÃO GLORIOSO: REFLEXÕES SOBRE FASCISMO, O ABSURDO E AS IMAGENS NO CONTEXTO DA PANDEMIA DA COVID-19..15
Helio Figueiredo da Serra Netto

REALIDAD. EL OCULTAMIENTO IMPOSIBLE DE LA VISIBILIDAD DEL VER...35
John David Barrientos Rodríguez

DA VISITA DO ANJO À DO LEGIONÁRIO DE MARIA: ASPECTOS DO MOVIMENTO APOSTÓLICO LEGIÃO DE MARIA NA PERSPECTIVA DA FILOSOFIA DIALÓGICA DE MARTIN BUBER.......................................43
Isabel Cristina das Neves Oliveira

RELIGIOSIDADE/ESPIRITUALIDADE, SAÚDE E ENVELHECIMENTO À LUZ DOS TEÓRICOS DA FILOSOFIA DO DIÁLOGO............................55
Joana D'arc do Carmo Lima

POR UMA EDUCAÇÃO SEM SOMBRAS: DA INCERTEZA E DO MEDO RENASCE A ESPERANÇA...71
Rildo Ferreira da Costa

A IMAGEM RELIGIOSA COMO *ANDENKBILD*, AO LADO DO *ANDACHTSBILD*: UMA LEITURA WARBURGUIANA E SUAS IMPLICAÇÕES ÉTICAS...89
Helmut Renders

ADÉLIA PRADO: QUANDO A POETA CONVIDOU-ME PARA O SEU COTIDIANO...113
Rosineide de Aquino Oliveira

HUMOR, MEMÓRIA E O CHICO ANYSIO: "PORQUE SORRIR É SEMPRE O MELHOR REMÉDIO" 125

Jorge Oscar Santos Miranda

ENTRE GAZA E AUSCHWITZ: RETALHOS PARA QUE A MEMÓRIA NÃO SE PERCA 137

Katia M. L. Mendonça

AMOR, IGLESIA, ABUSOS 149

Para Miguel García-Baró

SOBRE OS AUTORES 169

INTRODUÇÃO

O presente livro é uma coletânea de artigos fruto do Grupo de Pesquisa Imagem, Arte, Ética e Sociedade, e surgiu, inicialmente, com a ideia de compilar artigos que fizessem uma reflexão sobre o período da pandemia da Covid-19 e seus desdobramentos. Posteriormente se ampliou para outras temáticas, mas que de certo modo não abandonam o eixo principal proposto pelo grupo.

É importante ressaltar que esta coletânea também conta com a colaboração de autores parceiros ao grupo de pesquisa, e que tiveram importantes contribuições em nosso livro. Não poderíamos nos esquecer de mencionar o apoio que tivemos de instituições importantes, sem as quais este trabalho não seria possível, em particular o Conselho Nacional de Desenvolvimento Científico e Tecnológico (CNPq) e o Grupo de Pesquisa Fenomenología y Filosofía Primera, coordenado pelo professor Miguel García-Baró, da Espanha.

O livro se inicia com o artigo de Helio Figueiredo da Serra Netto, intitulado "Um passado não tão glorioso: reflexões sobre fascismo, o absurdo e as imagens no contexto da pandemia da Covid-19", que nada mais é do que um testemunho sobre a pandemia. O texto parte de um relato pessoal, para adentrar uma reflexão sobre as imagens, o absurdo e a nova expressão do neofascismo. Esse artigo é um relato sobre o mal e como ele se exprime na visualidade; é também uma forma de retornar a esse período tenebroso de nossa história, que gostaríamos a todo custo de esquecer, mas que ainda nos assombra.

Do mesmo modo, a visualidade é abordada no artigo de John David Barrientos Rodríguez, uma vez que, ao iniciar o seu texto, indaga a atitude do visual e do real a partir de uma situação cotidiana: o caminhar de um inseto frágil, "a joaninha", sobre sua perna. A simples observação do autor para com a ação daquele ser vivo impõe relatar a atitude do filósofo que, muitas vezes, ao buscar refletir sobre o invisível e sua condição, acaba por não realizar uma experiência plena da vida. Intitulado "Realidad. El ocultamiento imposible de la visibilidad del ver", o artigo é um convite para uma reflexão filosófica entre visibilidade, a realidade e o visível, a partir de uma perspectiva fenomenológica.

Em outra esfera, tratando de fé e de esperança, teremos dois artigos essenciais para o nosso livro, o de Isabel Cristina das Neves Oliveira e o de Joana D'arc do Carmo Lima. O de Isabel, intitulado "Da visita do anjo à do legionário de Maria: aspectos do movimento apostólico Legião de Maria na perspectiva da filosofia dialógica de Martin Buber", irá se debruçar sobre a associação católica Legião de Maria, e refletir sobre o simbolismo da Virgem Maria e o importante papel dessa associação, principalmente em fortalecer a espiritualidade católica e a esperança. O texto buscará interpretar o papel desse grupo de pessoas a partir da perspectiva do pensador Martin Buber e de algumas experiências de fé.

Já o artigo de Joana D'arc procura traçar conexões entre o envelhecimento, a saúde e a espiritualidade, levantando questões imperativas e urgentes. Diante do envelhecimento da população e do avanço dos estudos transdisciplinares acerca desse tema, o artigo "Religiosidade/espiritualidade, saúde e envelhecimento à luz dos teóricos da filosofia do diálogo" aborda essas diferentes temáticas sob a perspectiva de autores que refletem sobre a dialogia buberiana. A pandemia da Covid-19 se torna uma referência para pensar sobre a relação entre religiosidade/espiritualidade em diversas categorias; a iminência coletiva da morte nos proporciona essa reflexão, entretanto seu artigo focará uma categoria ainda mais frágil diante dessa relação, os idosos.

Em especial, abordando a temática da esperança e, também, fazendo testemunho sobre o período da pandemia da Covid-19, teremos o artigo do nosso querido e saudoso Rildo Ferreira da Costa, intitulado "Por uma educação sem sombras: da incerteza e do medo renasce a esperança"; seu texto se apresenta como um importante diagnóstico deste tempo sombrio pelo qual passa a humanidade e vai mais além, apontando-nos um caminho em meio a toda escuridão. Seu texto fala da esperança que surge no caos, de uma possibilidade de caminhar e encontrar soluções frente à barbárie. Seu artigo é um testemunho de um educador que nunca perdeu a esperança e que sempre buscou enxergar no outro uma forma de lidar com os obstáculos que a vida nos impõe. Um educador no sentido pleno daquele que exerceu seu ofício a partir de uma perspectiva espiritual dialógica, Rildo nos deixa seu testemunho, entendido como uma referência ao Absoluto e, ao mesmo tempo, remete-nos à saudade, que não cabe em palavras.

O artigo do professor Helmut Renders, intitulado "A imagem religiosa como *Andenkbild*, ao lado do *Andachtsbild*: uma leitura warburguiana e suas implicações éticas", faz uma reflexão sobre a cultura visual nas artes, em especial nas artes religiosas, para articular os conceitos propostos por Aby Warburg com a possibilidade de uma reflexão ética. Seu artigo nos sugere como essas imagens podem nos proporcionar uma possibilidade de pensar sobre o nosso estar no mundo, e como as imagens religiosas podem nos conduzir a uma relação sobre quem somos e sobre nossa condição na Terra.

Ainda sobre a arte, mas, agora, a literatura, o artigo de Rosineide de Aquino Oliveira, "Adélia Prado: quando a poeta convidou-me para o seu cotidiano", versa sobre sua vivência durante o período da pandemia, quando buscou retomar seus estudos a partir da suavidade, das memórias, da simplicidade e da religiosidade expressas nos versos e prosas da poeta Adélia Prado. A poetisa inspirou a autora também a produzir este texto e a compartilhar seu "momento de espera"; em meio às tantas incertezas provocadas pela Covid-19, ela procurou na poesia o seu alívio: o tempo, o mundo, a fé e o cotidiano de Adélia Prado a conduziram nessa jornada.

A partir de outra expressão artística, o autor Jorge Oscar Santos Miranda vai buscar na arte cômica, no humorismo, uma forma de resistir ao contexto pandêmico. Em "Humor, memória e o Chico Anysio: 'porque sorrir é sempre o melhor remédio'", o autor buscou acionar suas memórias para reexperienciar o humor de Chico Anysio e assim o abordou, também, como um fenômeno social. Para Jorge, retomar o humor de Chico, fazer um resgate da história cultural do país, foi, nesse sentido, um modo de pensar sua própria história. O texto fala de como o humor atuou como uma forma de redenção de seu "isolamento social".

Katia M. L. Mendonça, em "Entre Gaza e Auschwitz: retalhos para que a memória não se perca", estabelece, por meio da literatura, a similaridade das situações de Auschwitz e Gaza. A dor dos palestinos, desde 1948, no maior campo de concentração a céu aberto do mundo, é infligida por aqueles cujos pais e avós foram vítimas do nazismo e que perderam a memória da dor e do preceito da Torá: "Não maltratareis nem oprimireis nenhum estrangeiro, pois vós mesmos fostes estrangeiros nas terras do Egito" (Ex 22, 21).

Para finalizar nossa coletânea, o professor Miguel García-Baró, em seu artigo "Amor, Iglesia, abusos", nos apresenta um dos maiores desafios da Igreja, a tensão entre uma imagem institucional "inabalável" e seus princípios éticos fundamentais. O que é mais importante, desnudar sua fragilidade institucional, humana, e manter seus princípios, ou manter uma imagem institucionalmente forte, mas cercada de escândalos? Seu texto irá se debruçar sobre os abusos que ocorrem na Igreja e os posicionamentos que estão sendo tomados diante desses casos, mas o seu trabalho não se reduz a um olhar meramente material da situação, ele é uma chamada que nos guia para uma profunda reflexão ética e espiritual sobre o papel da Igreja. Um texto necessário diante dos inúmeros desafios da Igreja Católica e da fé neste século.

Esperamos com este livro proporcionar alguns testemunhos sobre o período da pandemia que assolou o mundo no início do ano de 2020, e principalmente refletir sobre o contexto que a cercou, os escândalos políticos, a proliferação do mal na esfera pública e a consolidação do neofascismo. Mas o livro não trata só das intempéries que encontramos nesse caminho, ele também é um testemunho de esperança, ele também é um chamado para nos direcionarmos ao outro, pois o princípio ético do qual aqui lançamos mão não se limita a este mundo. Ele tem como fundamento o "Tu Eterno", como se traduz nas palavras de Martin Buber.

Kátia Mendonça
Jorge Oscar Santos Miranda
Helio Figueiredo da Serra Netto

UM PASSADO NÃO TÃO GLORIOSO: REFLEXÕES SOBRE FASCISMO, O ABSURDO E AS IMAGENS NO CONTEXTO DA PANDEMIA DA COVID-19

Helio Figueiredo da Serra Netto

Este ensaio tem o intuito de ser uma reflexão pessoal sobre a pandemia da Covid-19, relatando minhas percepções e formas de lidar com o cenário, bem como uma breve reflexão sobre o contexto sociopolítico que vivemos, abordando principalmente o aspecto ético e imagético desse período. Estes escritos são também uma forma de testemunho de um tempo em que se aliou uma catástrofe natural com a barbárie.

Para tal, irei desenvolver alguns aspectos que considero importantes e como eles impactaram minha vida: minha relação com o trabalho, as estratégias de enfrentamento da pandemia e minha percepção sobre o cenário político que se descortinava.

O momento que antecede a pandemia é de negação pelo desconhecimento da gravidade da situação; muitos de nós achávamos que não seríamos afetados pelo vírus, e que não viveríamos uma experiência apocalíptica digna de um *blockbuster* americano; não fazíamos ideia do que estava por vir. Em conjunto com essa situação, experienciamos a consolidação do "fascismo à brasileira" no poder, instala-se uma conjuntura de mentira, negação e combate das instituições democráticas, bem como um processo de bombardeamento imagético de *fake news*. Aliada à pós-verdade, iremos nos submergir na mentira, na falsificação e no combate à verdade e aos fatos.

Contextualização: avanço do vírus, a morte, o medo, o desconhecido

Quando o vírus avança pelo mundo e chega ao Brasil, começamos a vivenciar um cenário de ansiedade e curiosidade sobre suas possíveis repercussões. Confesso que no meu caso não havia o sentimento de medo, a sensação que fazia parte de mim é de que eu e os meus não seríamos afetados pelo vírus, não por ingenuidade ou desconhecimento do poder do vírus, mas por algum tipo de pressentimento ou experiência de fé. Claro, isso não me livrou de experimentar o medo em diversas ocasiões, no entanto esse não era um sentimento que prevalecia. Esse pressentimento, que deriva do que chamo de uma experiência de fé, hoje percebo como algo concreto, real, já que minha família, de fato, não sofreu sérias consequências por conta da Covid-19, pelo menos não no aspecto de morte ou internação pela doença; as repercussões foram mais no sentido psicológico que derivou desse período.

E, ainda que não tivesse que lidar com o sentimento de medo, havia em mim uma angústia e uma ansiedade muito grandes acerca das possíveis medidas que seriam tomadas: como o isolamento, a limitação de circulação e a suspensão de todas as nossas atividades. Esse sentimento era o que me preocupava, a duração dessas medidas e o total desconhecimento acerca do que enfrentaríamos.

Portanto, embora não convivesse com o medo, tinha um grande cuidado para não contrair o vírus, pois tinha grande receio de infectar outras pessoas, e deste modo adotava, na medida do possível, todas as medidas sugeridas pelos órgãos de saúde. Embora estivesse relativamente confortável em relação às consequências pessoais que poderia sofrer com uma possível infecção — já que, como afirmei, o pressentimento era de que não teria grandes consequências —, o medo que me assolava, em alguns momentos, era de como iria lidar com a minha ansiedade diante desse cenário — já que a minha ansiedade não tem, necessariamente, um motivo para desencadear sintomas que podemos classificar como extremamente desconfortáveis. A ansiedade é o fantasma que me acompanha durante a minha vida, o medo de ter medo, a preocupação excessiva com o amanhã, o excesso de pensamentos e construção de cenários, muitas vezes irreais. Por este motivo, tive que desenvolver estratégias para lidar com ela. E foram essas estratégias que me permitiram enfrentar esse período tão difícil ao qual fomos submetidos.

Estratégias para o esgotamento físico

Buscando lidar com a ansiedade, e tentar controlar seus efeitos no corpo e na mente, procurei formas de me ocupar além do trabalho e dos serviços domésticos, isso durante o período do chamado "*lockdown*", quando tínhamos limitação de circulação e deveríamos evitar sair de casa.

Uma dessas estratégias para enfrentar a ansiedade foi buscar realizar atividades físicas que me levassem ao esgotamento total, já que assim consigo ter um controle maior sobre os efeitos da ansiedade no meu corpo, e com isso consigo também acalmar minha mente para desenvolver atividades laborais e minhas leituras pessoais.

Para o desenvolvimento dessas atividades físicas, adquiri alguns equipamentos, como corda, elásticos, que servem como resistência aos músculos, e máscaras de proteção, para que pudesse executá-las, de preferência, em um lugar aberto. Como durante esse período tínhamos pouco conhecimento sobre o vírus e suas formas de contágio, a sensação era de que poderíamos ser contaminados a qualquer momento, só de sairmos de casa, ou tocarmos na porta, no elevador ou de passar pelo mesmo ambiente de uma pessoa infectada. O período do *lockdown* era de muitas incertezas e de receio de um contágio repentino. E, ao mesmo tempo que tinha receio desse contágio, tinha dificuldade de fazer atividades físicas de máscara, então procurei alguns lugares abertos que, em minha concepção, poderiam ser mais "seguros" que a rua, visto que a rua era desinfectada por caminhões emitindo vapores que desempenhavam essa função, o que tornava este lugar potencialmente perigoso, em minha percepção.

Portanto, optei por realizar essas atividades na quadra do apartamento onde estava residindo. Assim, munido de máscara, álcool 70% e todo aparato sugerido para desinfecção, eu passava horas correndo em círculos dentro de uma quadra exígua, para tentar cumprir meu objetivo, o esgotamento total. Do mesmo modo, quando chovia ou quando a quadra estava ocupada, fazia essas atividades dentro do apartamento, como pular vários minutos de corda, ou exercícios intensos em curto espaço de tempo que me levassem à exaustão. Com o corpo domado, a ansiedade controlada, era mais fácil lidar com a mente conturbada e veloz que me acompanha.

Essa rotina foi essencial para a manutenção do meu bem-estar e da minha concentração para a realização de outras atividades, e isso contribuiria também para a redução considerável do meu estresse e para melhoria do meu humor, o que seria imprescindível para o que enfrentaria no trabalho, que nesse momento se encontrava em *home office*, e seria um grande obstáculo para mim.

O trabalho em uma secretaria de Estado: o serviço público e o absurdo

Durante o período da pandemia, pela manhã, trabalhava em uma secretaria de Estado, com uma equipe de dez pessoas em média; era uma atividade burocrática, que não exigia tanto intelectualmente, mas que começou a exigir demais emocionalmente.

Havia entrado fazia pouco tempo nesse emprego através de uma seleção para contrato temporário com o Estado; inicialmente o trabalho estava se desenvolvendo de forma presencial, no entanto, com o avanço da pandemia, passamos para a forma remota. Embora estivesse desempenhando minha função presencialmente fazia alguns meses, eu ainda estava tendo dificuldade de entender do que tratava minha função nesta diretoria para a qual fui designado.

Em outra ocasião, uns dez anos antes, havia tido uma experiência nessa mesma secretaria, no entanto em uma diretoria diferente, e, a meu ver, com uma função muito distinta, embora fosse o mesmo cargo. Nessa nova diretoria, passei meses de trabalho com dificuldade de compreender qual era minha função e o que eu executaria em minhas atividades. Aos poucos comecei a perceber que não fazia sentido somente a mim, e que esta era, também, a preocupação dos meus colegas, que, diferentemente de mim, já se encontravam fazia alguns anos nesse lugar, mas que também se sentiam confusos quanto às suas funções.

Com o passar do tempo, e conversando entre si, eu e meus colegas começamos a perceber o motivo de não compreendermos nossas atividades, que tinha menos a ver com o sentido real de nossa função, e sim com a forma como nossa chefia imediata desempenhava a dela. O total desconhecimento do cargo, aliado a uma relação de poder centralizador, se desdobrava em exigências absurdas e pedidos irreais, o que deixava os servidores confusos e impotentes diante de demandas absurdas. E nesse sentido todas as nossas tentativas de organizar e entender as demandas eram frustradas pela chefia, o que gerava uma frustração geral.

Sendo assim, à medida que o nosso conhecimento avançava em relação a nossa função nesse setor, começava a se descortinar um cenário de assédios sucessivos, que eram deflagrados de modo geral, com foco em algumas pessoas, e que a partir da pandemia seriam concentrados em mim. Conforme a pandemia avançava, muitos de meus colegas ficaram doentes, ou tiveram parentes acometidos pela Covid-19, e por isso alguns deles tiveram que se afastar do trabalho, o que provocou uma redução considerável da equipe. Diante desta situação, restaram, efetivamente, eu, uma colega e a chefia imediata para executar as atividades que seriam demandadas a esse setor, que, em comparação com outras diretorias, tinha uma demanda menor.

Como o setor trabalhava com uma demanda que precisava da participação de populações tradicionais, e estas eram vistas como grupo de risco em meio à pandemia, nossa demanda diminuiu de forma drástica, já que elas precisaram se isolar. No entanto, havia uma preocupação em "mostrar serviço", em justificar o fato de estarmos recebendo salário, e de que não éramos desocupados e procrastinadores em relação ao nosso serviço. No entanto, naquele momento a preocupação geral era se sobreviveríamos à pandemia, ou melhor, se os nossos iriam sobreviver; o desespero coletivo diante da morte e a sensação de sermos atingidos a qualquer instante eram um risco iminente.

No início do *home office*, ficou meio confuso se estipular em qual período realizaríamos nossas atividades, pois as demandas chegavam ao longo do dia, e não respeitavam nosso horário, que no presencial costumava ser das 8h às 14h. E isso gerava uma certa tensão que seria acirrada com a forma pela qual eram feitas as cobranças pela chefia imediata. A atividade, que até então não era nada fora do comum, se tornava cansativa, enfadonha e tensa, principalmente por nos exigirem muita atenção em meio às mortes e aos avanços da pandemia.

O que tornava a situação ainda pior era ter que realizar trabalhos inócuos, inúteis e completamente absurdos, que nos geravam uma frustração imensurável. Devido à percepção limitada de sua função, a chefia nos fazia pedidos para elaborar projetos inexequíveis, produtos que fugiam à esfera do Poder Executivo (onde se encontrava essa secretaria), ou produzir documentos que nunca saíam de nossa posse. O serviço nesse lugar soava como uma total perda de tempo e uma preocupação excessiva para com a situação que estávamos vivendo. Com o passar do tempo, eu e meus colegas tínhamos dúvidas se esse conflito se dava por uma incapacidade de execução de sua função de diretora, ou se eram ordens superiores para que não houvesse prosseguimento nas atividades dessa diretoria. Isso será sempre uma incógnita.

Percebi que a maior preocupação de meus colegas era em "mostrar serviço", em parecer que estavam executando alguma demanda, visto que estávamos "em casa" e devíamos de alguma forma "honrar" nosso ordenamento. Acontece que tudo isso se dava em um cenário do caos total, onde pessoas morriam em frente aos hospitais ou em casa, onde corpos se acumulavam, fosse nos necrotérios, fosse nos hospitais e até mesmo dentro de suas casas, pois o sistema de saúde estava completamente colapsado. Em um contexto de instabilidade e de total incerteza, com a população ficando sem suas rendas, desempregadas e, pior, vendo pessoas morrerem diariamente e às centenas, ainda tínhamos que ter uma preocupação excessiva em mostrar "serviço". Isso nos leva a refletir sobre como, no capitalismo, muitas vezes o trabalho nos adoece, porque ele não tem função de nos engrandecer, mas de nos degradar, ele não existe para dar sentido às nossas vidas, mas para se tornar o único sentido delas.

Diante disso, a tensão se instalou em mim, e minha preocupação era que a hora do meu trabalho passasse sem muitos intercursos, pois criou-se uma atmosfera de apreensão de receber a qualquer momento um chamado de nossa chefia para realizar algum pedido. A angústia se dava porque eram pedidos impositivos, com prazos exíguos e que reforçavam a sensação de estarmos sempre à disposição e de sobreaviso. As ligações, em sua maioria, tinham o intuito de parecer um "flagra" que nos denunciasse, como se não estivéssemos cumprindo nossas atividades ou nos dedicando a nossa função. Nesse período era comum termos que sair de casa para executar atividades essenciais, como fazer compras, adquirir medicamentos ou atender alguma demanda familiar, visto que muitos de nossos familiares, por conta de serem de grupo de risco, se encontravam isolados. Mas isto tudo era ignorado por nossa chefia, e exigia-nos que estivéssemos 100% à disposição dos seus desmandes.

Diante de uma atividade tensa, inquisitiva e fora de propósito, hoje, depois de dois anos nessa função, posso confirmar o que na época era apenas um pressentimento; tinha que tentar superar os dias, que pareciam mais longos, por conta dessa atmosfera. Hoje, sei que esses trabalhos todos não tiveram nenhum aproveitamento, muitos permaneceram guardados no e-mail dessa chefia e não foram nem sequer enviados pelo sistema da secretaria ou anexados como resposta aos documentos que os solicitaram. Nesse período vivi uma situação kafkiana, a qual era regida pela total falta de sentido, pelo absurdo levado às últimas consequências. Mas o que podemos absorver disso? Refletindo sobre essa situação, podemos pensá-la como uma alegoria ao trabalho burocrático no Estado, e como muitas vezes ele beira ao absurdo e ao aviltamento do outro, seja do servidor ou das pessoas que necessitam dos serviços. O trabalho se torna uma obrigação panóptica, na qual estamos sendo vigiados pelos olhares dos outros e a qualquer momento podemos ser julgados e executados por nossa leniência; no entanto, o trabalho inútil e o fingimento são tidos como amenos, como parte do jogo no qual o Estado executa suas atividades. Este pode ser um dos aspectos dos quais deriva a ideia de que o Estado brasileiro é ineficiente e de que seu serviço é ruim, que muitos cargos de chefia são comandados não por capacidade administrativa ou intelectual, mas por direcionamento político. O Estado brasileiro, ainda marcado pelo patrimonialismo, possui, em grande parte de seus cargos de confiança, pessoas que são designadas por questões políticas, e não por capacidade de gestão, o que gera esse imbróglio que afeta a todos.

Esse contexto me fez caminhar para um profundo mal-estar pessoal, uma frustração profissional e um sentimento de impotência, já que qualquer tentativa de mudar a situação seria inútil. Diante desse cenário, nós servidores formamos um grupo coeso para tentar lidar com essas intempéries, mas, mesmo com nossos questionamentos e atitudes combativas em relação a isso, não tivemos mudanças expressivas. Em decorrência deste fato, quando houve renovação dos contratos dos servidores temporários, tive meu contrato rescindido como forma de retaliação da chefia, já que, em um determinado momento, não suportei os assédios e resolvi enfrentá-los e expô-los publicamente em uma reunião com a chefia e meus colegas. Hoje, a maior parte dos meus colegas da época pediu para ser removida para outros setores por conta do ocorrido, e, atualmente, a diretoria continua do mesmo jeito, mas com outros servidores; nada mudou.

Essa experiência me fez refletir sobre o mal e como ele caminha, tendo nos setores profissionais uma prevalência dele, daí os inúmeros casos de assédio que têm emergido quando este tema passou a entrar em voga. Podemos pensar como ele se constrói com pequenos gestos, nas relações interpessoais, em uma tentativa de destruir pessoas, de destruir nossa capacidade de pensar. E aqui utilizo conceitos de Arendt (1999), tanto sobre a Banalidade do Mal quanto sobre a noção de pensar, pois o assédio se configura como a mortificação do outro, a indiferença perante a pessoa. Enquanto vivíamos, por conta da pandemia, um movimento crescente de solidariedade, sucessivamente percebíamos o avanço do mal em diversas esferas, tanto nas menores, que compreendem as relações interpessoais, quanto nas mais amplas, que atingiram a política e, assim, a esfera pública. O aspecto público do mal, e como atualmente ele ganha força pelas redes sociais e pela forma como veiculamos as imagens hoje, em meio às tecnologias digitais, é algo que me preocupa e me faz refletir sobre esses aspectos.

Até então descrevi minhas estratégias de enfrentamento da pandemia em relação ao corpo, ao trabalho, e agora falarei um pouco da questão emocional, que trata também, entre outras coisas, da questão intelectual e da minha sociabilidade. Como busquei subterfúgios para lidar com o caos que se instalava em termos mundiais com a pandemia e em termos pessoais com minhas relações de trabalho.

Estratégias pessoais de enfrentamento do caos

Inicialmente tracei algumas estratégias para domar o corpo e a ansiedade que nele habita, no entanto referi-me, principalmente, a aspectos físicos, de exercícios e atividades que buscassem o esgotamento do corpo. Sabemos que isso terá repercussão no emocional e no bem-estar mental, no entanto neste tópico desenvolverei algumas estratégias intelectuais e de sociabilidade que foram vitais para lidar com esse cenário.

Como já foi dito, o período de isolamento era marcado por uma tensão de contrair e disseminar a Covid-19, o que gerava uma ansiedade em uma atmosfera caótica. O isolamento era acompanhado de uma incerteza acerca do número de pessoas contaminadas, que cresciam a todo momento, e eram noticiados na TV e nas redes sociais; do som interminável das ambulâncias que 24 horas ressoava pela cidade; e das notícias que recebíamos de nossos amigos e familiares pelas redes sociais. Em minhas recordações, lembro-me da angústia de a qualquer momento receber mais uma notícia de algum conhecido que tivesse sucumbido ao vírus, e isso gerava um receio de poder se contaminar em qualquer situação, fosse indo ao supermercado, fosse saindo de casa ou encostando nas portas pelo caminho. A sensação era de que já havíamos sido contaminados e poderíamos a qualquer momento apresentar sintomas ou contaminar alguém, por isso a maior parte de nossas atividades fora de casa era realizada com EPIs, como máscaras, luvas, óculos de proteção, e álcool para desinfecção; literalmente, éramos um personagem de um filme de ficção, e um dos mais apocalípticos.

É importante fazer um adendo em relação a minha experiência com Deus, com o sagrado, que desempenhará um papel crucial durante esse período. Sou uma pessoa que tem uma profunda experiência com a fé, e tenho uma relação de proximidade com Deus que se espraia em todas as esferas da minha vida. Não sou uma pessoa muito religiosa no sentido institucional; embora professe a fé do catolicismo romano e frequente a igreja, não sou muito dado a esses espaços, e vivencio a minha fé em vários ambientes e situações, por isso posso passar meses sem ir à igreja, e, ainda assim, mantenho uma relação com Deus e a firmeza na fé. Rezo periodicamente, agradeço as situações da vida e peço ajuda nos momentos de dificuldade.

Minha experiência com a morte sempre foi um misto de aceitação e medo; na verdade, o medo não advém da morte em si, mas da espera dela; por ser uma pessoa ansiosa, tenho medo de esperar pela morte, e em certa medida vivo uma espera constante, a sensação que a qualquer momento ela pode chegar. "A morte, surda, caminha ao meu lado, e não sei em qual esquina ela vai me beijar", da canção de Raul Seixas, traduz bem esse meu sentimento. No entanto, durante a pandemia houve uma mudança nessa experiência de lidar com a morte. Com o avanço real dela, a ideia de aceitação aumentou e o medo se dilacerou, o temor que permanecia era do sofrimento que poderia ser desenvolvido até a sua chegada, mas o receio de esperá-la se dissipou completamente. Comecei a ter uma experiência de não mais viver para este mundo, uma espécie de mortificação do mundo, em que já não mais esperava nada das pessoas nem do ser humano; é como se tivesse desistido daqui, e já criasse expectativa para o outro mundo.

E essa perspectiva se ressalta não como uma espécie de niilismo, mas como uma visão apocalíptica, que me orienta para uma vivência não só terrena, e expande meu olhar para o além-mundo. Essa perspectiva foi desenvolvida ao longo da minha vida por um processo de conversão ao cristianismo, especificamente ao catolicismo romano. E essa conversão se deu, principalmente, pela via intelectual, já que desenvolvi, ao longo de minha vida acadêmica, um processo de desilusão do ambiente e das teorias acadêmicas. Se por um lado as chamadas humanidades buscam a "igualdade, a liberdade e a fraternidade", tal como um dos principais paradigmas do Ocidente, por outro grande parte das pessoas que buscam esses ideais é antiética, violenta, assediadora, arrogante, racista, misógina e tudo aquilo que elas dizem combater. Literalmente, há uma oposição entre conduta e os ideais defendidos por grande parte dos chamados acadêmicos, e sabemos que não só deles, mas aqui me detenho especificamente a este nicho. Claro, aqui estou generalizando para defender um olhar, uma forma de ver esse espaço, mas provavelmente seria rechaçado por alguns de meus colegas. Vejo a enorme dificuldade de perceber que essas características estão em nós também, e não só nos outros, mas isso seria um tema para outro texto.

Sendo assim, vendo o ambiente acadêmico como um espaço contraditório e paradoxal, onde as práticas não condizem com as teorias, caminhei para um processo de vazio existencial, na medida em que as teorias acadêmicas não sustentavam minha visão de mundo. Diria que, aos moldes weberianos, vivenciei a perda de sentido da vida. Por este motivo, procurei encontrar teorias que buscassem me retirar desse vazio e instaurar um sentido, e a maioria delas buscava esse sentido no transcendente. E assim minha caminhada acadêmica se converteu em uma busca de sentido em meio às teorias vazias de transcendência.

E, por conta dessa trajetória, o período da pandemia se deu como uma culminância desse processo, já que vivenciamos a total aniquilação de sentido da verdade, do fato e da razão, vivenciamos o império da irracionalidade em seu aspecto mais esdrúxulo, o de negação total da razão. Além de estarmos diante de uma experiência de morte iminente e imperiosa, vivenciamos a mortificação do bom senso, a destruição daquilo que, minimamente, já havia virado consenso. É diante deste cenário, dessa minha disposição de ver o mundo — em que se instaura uma crítica à razão e uma espécie de descrença na humanidade —, que vivenciei uma relação que oscilava em um processo de perda de esperança no mundo, ao mesmo tempo que se fortalecia a crença em um mundo não terreno. Assim, minha relação com Deus se fortificava, ao passo que se destroçou a crença de que a Humanidade podia ser boa, de que podíamos viver em um mundo melhor. Sei que, por esta sensação, me inclinei, nesse período, a retomar a leitura dos romances de Dostoiévski. E, portanto, neste momento, não posso afirmar se a visão dostoievskiana influenciou esse meu estado ou se esse meu estado me inclinou a essa leitura dos romances, o fato é que uma coisa se casou com a outra.

Durante os três meses iniciais da pandemia da Covid-19, que podemos dizer que foram os mais críticos em termos de perspectiva de vida e de sobrevivência, submergi-me completamente nas obras de Dostoiévski, passando longas horas relendo seus principais romances, e refletindo sobre seus personagens, suas visões de mundo, e a relação entre a humanidade com Deus, principalmente suas críticas à cultura ocidental e, claro, sua visão sobre o mal.

De algum modo, a fuga pela literatura dostoievskiana me fez ampliar meu olhar sobre o mundo a partir de uma perspectiva espiritual; a ideia de bem e mal, diante do cenário da pandemia aliada ao fascismo, me permitiu mesclar a perspectiva literária com o mundo real — já que naquele momento assistimos como espectadores e atores à ascensão do mal pela via política, tudo isso mediado pelas redes sociais, processo marcado pelo excesso e pela velocidade.

Menciono Dostoievski pois gostaria de destacar que sua literatura, ou melhor, minha interpretação sobre ela, foi determinante para consolidar minha visão de mundo e minha percepção sobre esse período pandêmico da Covid-19. A visão apocalíptica do cenário que vivíamos não era para mim somente fruto dos desígnios da natureza, afinal não vivenciávamos somente uma pandemia, mas também a ascensão do fascismo, e a batalha que enfrentamos era, inclusive, de cunho espiritual. Afinal, não podíamos reduzir as coisas ao terreno político-biológico, na medida em que vivíamos um cenário que fugia completamente da racionalidade, da sensatez; aqui, o absurdo literário era limitado diante da realidade avassaladora, o absurdo kafkiano fazia completo sentido no cenário da pandemia no Brasil.

 Para mim, sem dúvida alguma, dentre todas as explicações possíveis sobre esse processo, a que mais se sobressai é que tudo isso se resume ao avanço do mal. As explicações políticas, psicológicas, sociais e todo o nosso aparato intelectual, racional podem nos dar uma pista, mas não conseguem, substancialmente, se aproximar do que vivenciamos. Por isso que Dostoiévski fazia total sentido para mim, afinal ele é um dos autores que mais bem retrataram o mal e sua relação com o mundo; a frieza de seus personagens, a forma como calculavam e utilizavam a razão para o mal faziam total sentido em um cenário em que não se distinguia mais a verdade da mentira, "tudo era permitido", fazendo paráfrase de Ivan, o personagem de *Os irmãos Karamazov*.

Mas, olhando sob essa perspectiva, talvez a estratégia de manutenção de minha sanidade mental com a leitura de Dostoiévski não tenha sido uma boa ideia; embora me fizesse relaxar através da leitura e das reflexões que me provocava, também acirrava essa condição existencial que o período acentuou. Mas, após um tempo, percebi que minha carga de leitura estava excessiva e precisava de outra estratégia, e foi então que comecei a intercalar a leitura com games.

No período da pandemia, foi lançado um jogo on-line de guerra gratuito, o qual poderia ser jogado em grupo, e isso me permitia jogar e conversar com meus amigos ao mesmo tempo. Isso me proporcionava algumas horas de descontração; entre os meus amigos, um em especial estava sozinho e isolado em uma cidade que não era a sua, já que recentemente havia passado em um concurso público e estava havia pouco tempo no local. Essa condição de isolamento dele, e a plataforma do jogo que nos permite a conexão, fez com que pudéssemos travar um diálogo constante durante esse período. A contradição reside no cenário onde se desenvolvia esse diálogo, um jogo de guerra, ou seja, era matando virtualmente pessoas que fazíamos uma reflexão sobre o nosso cenário, sobre os mortos e os absurdos que a pandemia e o fascismo nos impunham. Curiosamente, esse diálogo me confortava e fazia um importante papel de companhia no processo de isolamento.

Após um período, a leitura foi praticamente abolida, e via-me horas imerso nesse jogo, o que de certa forma me deixava a par do mundo. Criando estratégias, divertindo-me, conversando e compartilhando os acontecimentos com meus amigos, encontrava nessa plataforma virtual um alento para o caos de que tentava me proteger. Uma pitada dessa violência virtual talvez fosse o remédio de que precisava para amenizar a realidade que nos engolia e a verdadeira violência virtual que nos destruía, as chamadas *fake news*. O fato é que foi nesse universo virtual do game que me refugiei durante algumas horas dos meus dias, principalmente aos finais de semana, quando ficava boa parte deles diante de uma TV.

Assim, poderíamos sintetizar que, durante o surgimento da pandemia da Covid-19, aprofundei meu olhar espiritual sobre o mundo; procurei estratégias de lidar com minha ansiedade e com o caos que se instalava; e o principal, mas não menos importante, vivenciei a consolidação do totalitarismo, que até então conhecia somente pelos livros. O que diferenciava esse momento daquilo que havia lido da Segunda Guerra Mundial e outros cenários de totalitarismo foi o poder avassalador das mídias digitais para a divulgação da mentira, da violência, da desinformação... do mal. Se atualmente as mídias digitais já consomem boa parte do nosso tempo e de nossas vidas, no período da pandemia ela praticamente tomava conta de tudo, visto que muitas trabalhavam de forma virtual e isso fazia com que ficássemos cada vez mais próximos dos aparelhos. Portanto, creio que seja importante abordar este aspecto como forma de testemunho, como forma de reflexão sobre o que vivenciamos, de modo a pensar sobre o poder dessas mídias e como elas se tornaram uma potente arma do fascismo contemporâneo. Pois, ainda que esteja sob outra roupagem, ele sempre mostra seu objetivo principal, a destruição. O fascismo é a destruição travestida de mudança; a mentira, sugerida como verdade; e a violência apresentada como pacificação é a contradição total.

Ascensão do fascismo: a destruição da/pela imagem

Em conjunto com a pandemia da Covid-19, vivenciamos a consolidação do fascismo no Brasil e vimos se instalar um cenário marcado pela barbárie, *fake news*, velocidade e excesso de imagens-simulacro. É certo que esse contexto não surge com a pandemia, mas, no caso do Brasil, o presidente que melhor representa esses ideais ascende ao poder alguns meses antes de a Covid-19 se espalhar pelo mundo.

É com a chegada ao poder de Jair Messias que se oficializou no Brasil a destruição da ciência, da cultura, da educação e da política. É quando a mentira se tornará regra; a desinformação, política de governo; e a violência, a solução para todos os males sociais. Paradoxalmente, são esses elementos que, bombardeados até a possibilidade de seu aniquilamento, nos permitiram enfrentar a pandemia, pois aqueles que conseguiram sobreviver o fizeram consumindo cultura, apoiando-se nos conhecimentos científicos e educacionais, e não esqueçamos: com o apoio do Estado. Creio que a importância do Estado nunca foi tão nítida em meus pensamentos, a necessidade organizacional e de gestão da saúde, das políticas públicas e da vida das pessoas se fez imprescindível nesse momento. E não só a figura do político como gestor dos bens públicos, em um período de política extremista, em que se fala mais sobre moralidade do que se pratica a gestão pública; a imagem de alguém que gerisse, minimamente, a máquina pública se tornou um alento para muitos.

Durante a minha vida, nas leituras que realizei sobre o totalitarismo, principalmente na Segunda Guerra Mundial, nunca pude entender, propriamente, como se dava o processo da mentira, uma das principais características desse tipo de antipolítica. E, quando me remeto a compreender o significado da mentira, não é no sentido de entender o contexto que ela cria ou mesmo o seu funcionamento; isso está muito longe da nossa compreensão, foge aos aspectos racionais. Mas refiro-me à própria característica dela; no totalitarismo a mentira não necessariamente se fundamenta como uma história bem contada, muitas vezes ela é o absurdo total. A mentira não precisa fazer sentido para que ela possa ser tida como verdade; no fascismo, qualquer absurdo se torna verdade; na era das *fake news*, a mentira é a irrealidade total, a irreferência no grau zero. E isso é uma das experiências mais relevantes que esse período me trouxe; mesmo não podendo compreender, percebi que o absurdo real é muito mais grave do que tudo que foi retratado na literatura social a qual tive acesso.

Com a vitória do fascismo nas eleições de 2019, vivenciamos a instalação do absurdo e da necropolítica como política de Estado, e até então achava que já havia visto todos os absurdos possíveis e os pronunciamentos mais esdrúxulos proferidos pelo então candidato a presidente, mas em seu governo isso viria a ser muito pior. No entanto, recordo-me que seu primeiro pronunciamento durante a pandemia foi um dos que mais me chocaram, no sentido de sentir uma aversão por assistir aos noticiários e às manifestações que ocorriam em relação ao cenário que estava instalado. Nessa declaração, o vírus da Covid-19 e suas repercussões na saúde das pessoas foram eufemizados como uma "gripezinha" e surgia em um discurso recheado de ironia e chiste, em um período em que as pessoas estavam morrendo como moscas, e tinham seus corpos, muitas vezes, deixados em casa ou acumulados em necrotérios lotados. Nesse período as pessoas se aglomeravam e morriam em frente aos hospitais pelo total colapso do sistema de saúde, e a sensação que pairava no ar era de que isso poderia suceder, a qualquer momento, com alguns de nós e com os nossos. A negação da pandemia, a negação da vacina, a desinformação sobre os procedimentos para não aumentar as infecções se tornaram um posicionamento político do fascismo, eles iriam levar as câmaras de gás até nossas casas; o que nos mataria, dessa vez, não era o "Zyklon B", mas a Covid-19 e o caos que a acompanhava, calculada para nos asfixiar.

Foi naquele momento, com aquela cena sendo transmitida em rede nacional para milhares de lares, e com a certeza de que a maioria das pessoas a estava assistindo — já que estávamos no auge do *lockdown* —, que percebi o poder avassalador das imagens e como a semente do mal poderia ser disseminada. Esse desgoverno foi marcado pelo uso das imagens, e pelo seu uso de um jeito específico, na medida em que eram direcionadas para a disseminação da violência, da inverdade, da irrealidade e mais, supostamente em nome de Deus e de uma moralidade incorruptível. Em um momento de iminência da morte, em que as pessoas se voltam ao sagrado, o fascismo ascende com a bandeira de um Deus armamentista, racista, homofóbico e avesso a tudo que destoe de um padrão intitulado conservador, que de fato em nada tem de conservador, mas na verdade esconde seu caráter extremista e carrega em seu bojo o mal e a destruição.

Falar das imagens e da forma como se deu seu processo de veiculação, durante esse período, requer um trabalho específico a que possamos nos dedicar exclusivamente, no entanto, como o presente trabalho é um relato, não irei aprofundar nessa questão. Entretanto, creio que posso pegar um momento emblemático para mim, para que possamos refletir, mesmo que brevemente, sobre essa questão, pois é possível sintetizar essa ideia em uma imagem, ou melhor, em um acontecimento.

Entre as tantas manifestações em prol do então presidente, uma em especial chamou minha atenção, por conta da sobreposição de imagens e da total falta de referência delas no contexto que surgiram. Na verdade, foi a primeira vez que eu vi uma manifestação para legitimar os absurdos proferidos por um presidente; era uma espécie de reivindicação pela garantia do direito de falar impropérios e tomar atitudes grotescas. Nesse caso particular, refiro-me a uma manifestação que ocorreu no dia 3 de maio de 2020 em frente ao Palácio da Alvorada, na qual se encontravam apoiadores do presidente, os populares separados por grades e junto a ele apoiadores mais íntimos. Entre os apoiadores ao lado do presidente, em especial, encontramos o "humorista" "Paulo Cintura", que ficou conhecido por esse personagem na *Escolinha do Professor Raimundo*, programa televisivo do ícone do humor Chico Anysio. Sob o bordão "Bolsonaro é o que interessa, o resto não tem pressa", uma paráfrase de seu chavão nesse programa, o suposto humorista, assim, anuncia o trágico. Um governo marcado pela centralidade da figura do presidente e a morosidade total da esfera pública, em especial a da saúde pública, que, diante do colapso imposto pela pandemia, também enfrentaria a indiferença do presidente ante sua importância nesse cenário.

Este episódio foi noticiado após o humorista publicar um vídeo em suas redes sociais, em que aparece ao lado do então presidente e caminha em direção aos apoiadores que estão em frente à rampa do palácio. Vestidos em sua maioria com roupas que nos remetem às cores da bandeira nacional, em meio à multidão podemos identificar imagens curiosas e díspares: como um quadro da divina misericórdia; uma imagem de presépio do menino Jesus; a bandeira do estado Minas Gerais e diversas do Brasil; um quadro com imagem da Pietá; um boneco do então presidente; uma bíblia; bem como diversas faixas pedindo golpe militar, o fechamento do

Congresso e do STF. Referindo-se aos apoiadores, o humorista os denomina de o "exército do Bolsonaro" e os convoca para repetir o seu famoso bordão na *Escolinha*, "Saúde é o que interessa, o resto não tem pressa", mas adaptado conforme mencionei no parágrafo anterior.

Podemos começar pelo bordão, que, curiosamente, substituiu o "Saúde é o que interessa" pelo "Bolsonaro é o que interessa" em um período em que iríamos precisar mais do que nunca da saúde pública, e mais, para colocar à frente da saúde pública um presidente que não só a negligenciou, como fez campanha antivacina, promoveu medicamento ineficaz e perigoso, fez chacota dos mortos e das vítimas do vírus. Esse evento é uma epígrafe das atrocidades que experienciamos; a normalização do absurdo e negação total da realidade foi um dos maiores destaques desse período e isso se reproduzia nas imagens. E, por estarmos bombardeados delas, poderíamos passar indiferentes diante da velocidade com que elas nos atordoavam.

Quando buscamos compreender a sociedade contemporânea, muitos autores falam do *Kitsch* como uma das características das expressões artísticas desse período, que alguns chamam de pós-modernismo (Jameson, 1997). Sendo que o termo "*Kitsch*" aparece com frequência para designar essa estética que podemos chamar de gosto duvidoso, vulgar, melodramática e que melhor se adaptaria ao termo "brega", que usamos em nossa língua. Claro que, quando me refiro a este termo, estou usando seu significado estereotipado ao se referir a alguma coisa cafona, confusa, chamativa, sentimentalmente apelativa. Não é intuito aqui discutir o termo "brega" e seus diferentes significados, principalmente aquele que se remete a uma cultura que é muito comum em minha região, mas de usá-lo como uma forma de expressar essa visualidade chamativa, de estética duvidosa e muitas vezes confusa, devido ao excesso de informação.

Esse termo é o que vem a calhar para compreender melhor a estética desse neofascismo brasileiro; não arriscaria generalizar em relação ao neofascismo no mundo, embora esse termo também seja apropriado para outras manifestações desse tipo. Mas no Brasil, especificamente, misturar as cores da bandeira com imagens religiosas e à figura de um presidente "fantasiado", caricato, é uma das maiores expressões dessa estética neofascista. A imagem do fascismo à brasileira é de uma caricatura personificada na imagem de Jair Messias, seus trejeitos, seu humor duvidoso, sua relação com um Deus popular que legitima a violência e tudo aquilo que o Cristo, a inspiração desse Deus, combatia. O que entendemos das imagens que surgem nesse contexto é da total falta de referência, de imagens geradas para causar impacto, e que são caracterizadas pelos chamados "*memes*" de redes sociais, o que iremos detalhar melhor. Esse presidente personificou tudo que tem de superficial, popular, violento e de desinformação que ronda a internet; as imagens "bregas" de "bom-dia", nos grupos de WhatsApp, são o que melhor representa a estética messianista de Jair. Espero, em um outro momento, me aprofundar mais nessas questões, pois são muito caras a mim, e instigam-me a entender essa relação estética. Pois, se outrora Wagner traçou a trilha sonora hitlerista, no bolsonarismo, a trilha foi constituída por músicas curtas e de alto impacto do TikTok.

A expressão imagética dos grandes líderes carismáticos que se associavam ao fascismo que até então conhecíamos destoa completamente do fascismo à brasileira. A grandiosidade do líder, o retorno de um período áureo, a forma impecável de suas vestimentas e trejeitos, que almejam a perfeição, não são necessariamente o que vivenciamos neste período por aqui. Se Hitler ensaiava seus discursos estudando sua performance corporal com as fotografias de Heinrich Hoffmann, a performance de Jair era bem menos pomposa, mas não menos planejada; com intuito de fazer sobressair seu caráter populista, o então presidente se portava como "um qualquer". Talvez isso seja um desdobramento das relações virtuais, que hoje tendem a destacar também o ordinário (Serra-Netto, 2018); em diversos momentos, ele se apresenta desprovido dessa imagem formal dos grandes líderes, aparece de pijamas, de roupas de "ficar em casa", sujo de farofa e em outras situações consideradas ordinárias. Podemos pensar que, na construção da figura do então presidente, e em uma tentativa de humanizá-lo através do ambiente virtual, ele se personifica como a ideia do "*meme*". *Meme* é algo que viraliza nas redes sociais por usar bordão, por ser engraçado ou mesmo por usar palavras de ordem, e pode ser uma imagem cômica, uma charge, um vídeo, uma informação etc., enfim, é uma das formas de expressão do humor no mundo digital.

Mas o que de fato me chama atenção é essa relação entre o totalitarismo à brasileira e as imagens sagradas; na multidão do episódio referido anteriormente, podemos visualizar imagens pictóricas, esculturas e a bíblia. Por mais que nos esforcemos, é impossível associar, em termos lógicos, a relação de um governo armamentista e violento com a doutrina de Cristo, que tem a não violência como um de seus princípios máximos, mas no fascismo à brasileira isso se torna perfeitamente possível. Reiteramos que o absurdo se apresenta como a expressão máxima desse fascismo, e que as explicações racionais não alcançam respostas para esse fenômeno, na medida em que ele se constrói na total irracionalidade.

O que é importante destacar é que desse absurdo, dessa excrescência religiosa, surgiria uma relação conflituosa no âmbito da sacralidade, já que, na medida em que a pandemia proporcionava uma relação de reaproximação de muitas pessoas com o sagrado, e permitia diferentes experiências religiosas, o atrelamento do discurso fascista a um suposto Deus inspirado no cristianismo não só corroborava o absurdo, como perpetuava uma aversão nas pessoas ao discurso religioso, eis o paradoxo desses tempos. A questão que me surgia era: como falar de Deus em um momento em que Ele se banaliza e que sua imagem está atrelada ao fascismo? Minhas tentativas de me voltar para a instituição da Igreja, em busca de minha conexão com o sagrado, muitas vezes eram interrompidas pelo discurso fascista no púlpito das igrejas e nas manifestações religiosas, como se eles fossem associados e inseparáveis. Em várias idas à igreja católica, ouvia nas homilias o discurso fascista travestido de cristianismo, e isso reforçava a minha aversão às instituições religiosas, aquele Deus que se punha do lado do totalitarismo não era o meu Deus, não era o Deus que conheci ao longo de minha vida. Acontece que o Cristo que eu conheço é antibélico, pacifista e prega o amor, anunciou que seu reino não é deste mundo e que devemos amar nossos inimigos. O paradoxo surgia em colocar lado a lado o Cristo bíblico com aquele que supostamente odeia a todos, que prega a violência e a morte? Eu, mesmo hoje, ainda tenho dificuldade em lidar com isso.

Nunca a parábola do grande inquisidor de Ivan Karamazov apresentada por Dostoiévski (2012) fez tanto sentido; ela é uma metáfora sobre a humanidade, sobre nós, mas no fascismo isso se torna mais nítido; é completamente claro e evidente para mim o motivo de terem escolhido Barrabás. A hipocrisia e o ódio pelo diferente; a perseguição aliada à sede de vingança das massas, que, polvorosas pela condenação de todos aqueles que encarnam o estereótipo do diferente, repercutiam tribunais que tinham como único objetivo a condenação; este cenário foi reproduzido diversas ações que se proliferaram neste período. Diferentemente da parábola, a inquisição de hoje se dá no espaço virtual, as redes sociais se apresentam como o espaço do chamado "cancelamento", onde qualquer deslize, equívoco, é suficiente para o apedrejamento público das pessoas, o grande inquisidor pode ser qualquer um com um celular nas mãos.

A lição que a pandemia me deixou, além daquilo que é comum, sobre a fragilidade da vida, da necessidade de aproveitarmos os momentos mais ínfimos e valorizar aqueles que amamos, é também de atentar sobre a banalidade do mal; como posicionamentos relativamente ingênuos nas redes sociais podem ganhar grandes proporções. Mas não somente isso; precisamos pensar em nossa responsabilidade diante do mundo de informações a que temos acesso todo dia, precisamos pensar sobre nossas ações nas redes sociais. Não podemos permitir que discursos de ódio, por mais ingênuos que pareçam, ganhem grandes proporções.

E creio que a maior de todas as lições diz respeito a minha sobrevivência, de como procurar formas de esperança em meio a uma pandemia que se instalou durante um governo fascista, completamente indiferente à população, que tentou de todos os modos nos exterminar, e como em meio a tudo isso conseguia enxergá-la. Mas também em pensar a minha relação de fé, a minha experiência com o sagrado, pois foi ela quem me permitiu enfrentar todo esse cenário sem entrar em colapso com ele.

Durante todo esse período, com as diversas aparições do então presidente na TV e nas redes sociais, sendo irônico com as mortes, imitando em tom de chiste os mortos pela Covid, e estando, quase todos nós, como prisioneiros em nossas próprias casas, cercados de imagens de violência, só me restava conforto em minha fé. Nesse momento, por ser católico romano, rezava sempre para que Deus permitisse a manutenção dela. Diante dos absurdos proclamados em nome de Deus, a banalização total da sacralidade, temia perder a minha fé, temia me tornar indiferente a tudo. E, se assim fosse, me restaria o quê?

Referências

ARENDT, Hannah. **Eichmann em Jerusalém**: um relato sobre a banalidade do mal. São Paulo: Companhia das Letras, 1999.

DOSTOIÉVSKI, Fiódor. **Os irmãos Karamazov**. 3. ed. Tradução de Paulo Bezerra. São Paulo: Editora 34, 2012. (Coleção Leste).

JAMESON, Fredric. Pós-modernismo, a lógica cultural do capitalismo tardio. São Paulo: Ática, 1997.

SERRA-NETTO, Helio Figueiredo da. **Tal como Funes**: memória, hipermemória, tecnologia e imagem. 2018. Tese (Ciências sociais. Doutorado em Sociologia e Antropologia) – Universidade Federal do Pará, Belém, 2018.

REALIDAD. EL OCULTAMIENTO IMPOSIBLE DE LA VISIBILIDAD DEL VER

John David Barrientos Rodríguez

Me pregunto, desde este punto de vista, si toda la vida espiritual no podría definirse como el conjunto de actividades por las que tendemos a reducir en nosotros la parte de la indisponibilidad.
(Marcel, en su Diario Metafísico el 11 de marzo de 1931)

A la orilla de una quebrada en una ciudad donde la tranquilidad es rutina, sin apenas sobresaltos, pasando una tarde de primavera, fresca y con un poco de sol, mientras me tomo un çay (té turco) y veo una mariquita (joaninha, en portugués) obstinadamente aferrada a mi pantorrilla, te pregunto casi afirmándolo: ¡¿Y si todo el espectáculo de lo invisible que soporta lo que creo ver ahora resulta ser y haber sido siempre lo más visible?!, ¡¿y si incluso muchos de los más filósofos entre los filósofos, y yo mismo, claro, estamos falseando el ver originario (en adelante Ver) antes que corresponderlo con Filosofía?! Ese Ver que es el nuestro, de cada uno y su mundo rededor, y de los otros en todo el complejo vital; ¡¿y si hemos extraviado y distraído nuestra potencia de habitar la realidad toda en su visibilidad más evidente y de acción consecuente?!, ¡¿y si quizá todo está más a la vista, visible, de lo que solemos creer?!, ¡¿y si solo estamos obstinadamente ajenos a dicha visibilidad haciéndonos zancadillas a sí mismos?! De ser así, ¿qué lo motiva? ¡¿Y si incluso la distinción visible-invisible fuera filosóficamente innecesaria?!, ¡¿y si sencillamente hemos estado y estamos desde siempre expuestos a todas las potencias del ver mismo como visibilidad sin ambages?!

Abstengámonos aquí de remontar desde el condicional de estos ¡¿Y si...?! hasta llegar al juicio que los soporte. Esto porque aquellos consisten, se dan, en suspensiones de la manifestación inmediata al atender el acto mismo de ver; acto que luego puedo señalar como rendimiento de apercepción inmediata con Maine de Biran, o de experiencia interna trascendental con Michel Henry, por ejemplo, y que sin embargo ahora, en nuestros términos de plenitud en los fenómenos, son dar de sí de primera filosofía como Ver no supeditado a la diferencia ontológica, sin detrimento de los rendimientos filosóficos que nosotros mismos ya hemos estudiado en otras ocasiones.

Mantengamos que estamos expuestos desde siempre a la manifestación incesante, inmediata y polifacética de la realidad, que está lejos de totalizaciones, en fuga de historicidad y abierta como desde el dentro de su verdad posible por los quiebres y acontecimientos presentes en la vidas. Asimismo podemos referirnos a ella, a la realidad, en estos términos solo cuando la atendemos con motivos explicativos desde el Ver mismo, y en el que ella es nutrida por nuestro logos (decir inmediato), acción y disponibilidad.

La dificultad en la que nos encontramos, una vez intentamos decir acerca de ese ver originario en la manifestación de la realidad, y no desde el ver mismo, es la de no sabernos viendo realmente y dudando de la visibilidad devenida. Simplificando en exceso, diríamos que no nos estamos refiriendo a una especie de defecto de fábrica de un producto, es decir, no es que debamos buscar o hacer piezas que no veamos o que le falten a un puzle llamado "el todo real que se nos manifiesta" para verlo armado en su totalidad; tampoco que vayamos a poder ver el paisaje completo que esconden las piezas dispersas, menos todavía que sepamos de antemano, por principio, cómo se verá todo una vez hayamos armado el puzle, esto independientemente de si he sido yo o cualquiera el que se haga a piezas clave y logre encajar la mayor cantidad.

La cuestión, si apuramos un poco este frágil e imperfecto ejemplo, como suelen serlo casi todos en filosofía y en la vida, es que hay un abismo de partida entre el vidente dispuesto en la manifestación de la realidad vívida de paisaje, ya en ciernes por sus posibilidades expansivas, y en su ver inmediato como viviente abierto a ella, y, del otro lado, quien decide evadirse del Ver abordando la realidad como exclusivo encaje mereológico, que expone las verdades y supedita a este método todos los fenómenos en su darse y manifestación, comprometiendo las verdades posibles de estos en su visibilidad fenoménica.

En este último sentido se instaura una suerte de duda filosófica en función de las piezas por encontrar incluso, más comúnmente de lo que desearíamos, a costa de extraviar y enrevesar para sí y para otros el Ver de las vidas en la visibilidad de los fenómenos. Dicha duda instrumental contrasta con la duda devenida en el Ver, al ser esta segunda (aunque en realidad primera en el orden de la manifestación y su visibilidad) una

IMAGEM, ARTE, ÉTICA E SOCIEDADE: PERCURSOS DE PESQUISA

apertura a más ver en la Inquietud de quien habita realmente, vive y ve sin anteojeras. Es la duda de quien se halla lanzado a vivir desde el Ver originario de lo manifiesto y de lo que acontece. A diferencia de la duda asentada exclusivamente en la tarea mereológica, desatendiendo el ver originario de la manifestación de las realidades.

De esta duda dada en vacío destacamos dos modos iniciales en los que el pensador se sirve de ella para dar sentido y credibilidad a su propio ocultamiento de la visibilidad del Ver, un modo intencionado y otro inintencionado. Detengámonos en ello a continuación.

En el primer modo, intencionado por el pensador, la duda está puesta y la finalidad declarada respecto a la fuente, se instaura el escepticismo per se al injertar una duda instrumental en el pensamiento. Por ella damos por cierto y nos convencemos de estar ya inmersos en un todo real manifiesto que nos funciona y encaja racional y afectivamente, habiendo escogido un lote que nos resultaba conveniente y a medida de un conjunto-situación que habíamos redibujado, esto porque, aunque hubiera sido fugazmente, pudimos notar en algún momento algo de los alcances del Ver originario y decidimos que contravenían nuestro parecer segundo, dando cabida a la intención no declarada de invisibilizar lo inicialmente visible.

Hemos decidido suscribir la realidad según la parcela de lo que vemos, dando soporte a la realidad a través de la dinámica lógica de datos que nos permitan llegar a fines que nos ofrecen explicaciones o resultados fiables. De ese modo también podemos mantenernos en pie en medio de la maraña especulativa y del ofuscamiento explicativo a los que estamos expuestos de modo continuado. La duda aquí se acota según la finalidad, las repuestas suelen y deben ser satisfactorias y funcionales, o llegado el caso han de reformularse o ser sustituidas por otras más convincentes hasta que el resultado rinda su fin estimado.

Esta es la situación del estatuto filosófico fáctico de los algoritmos, actualmente concebidos como receptores y potenciadores de una realidad ajustada, reajustada, o desajustada a partir de extremar nuestras órdenes, nuestros usos y estructuras de pensamiento, trayéndonos inmediatamente de vuelta la exposición enriquecida de la realidad, una realidad mejorada, con las respuestas y planteamientos de una inteligencia exponencial.

Mencionemos otro caso, esperando no distraer el curso filosófico de la explicación: respecto a la posibilidad de habitar un ecosistema determinado vemos su belleza, la habitabilidad posible, la flora, la fauna, la situación social, la economía del lugar, sus posibilidades de justicia, de convivencia, de desarrollo sostenible, además de un lucro posible para mí, consecuente con esa realidad y la afectación que como interviniente traería yo sobre ella; sin embargo, decido descontar de la ecuación justamente ese Ver abierto de posibilidades en la visibilidad del ecosistema mismo y los varios factores que ya había advertido, e injerto una duda a medida sobre el Ver que me ha hecho posible la visibilidad, esto hasta declararme escéptico respecto la viabilidad y conveniencia de aquello en los términos iniciales que ¡yo mismo! y otros intervinientes hemos visto.

Así, diría que trágicamente, en esta situación he descartado intencionadamente pensar y dudar a mejor en la evidente Inquietud que late en quien se halle en el Ver cómo habitar un ecosistema en el sentido de la visibilidad inicial, dada en mi Ver originario, de mí y a mí, según la manifestación del entorno y de los otros en esa realidad abierta y polifacética ya mencionada.

En este escepticismo por conveniencia (quedará por pensar si alguno no lo es) vemos que el ocultamiento lo opero, nunca mejor dicho, habiendo estado antes abierto a dicha visibilidad de la situación y atento a sus posibilidades según la realidad manifiesta y ahora dimitiendo de ello intencionadamente, antes que a sabiendas. Habré operado así, o por lo menos eso creeré, el ocultamiento de la visibilidad, trastocando su verdad y desplazando esta al ámbito de lo invisible.

Contrariamente a lo esperable por mí, he propiciado que sus alcances se me revelen como una merma de verdades y bienes; precisamente cuando ya empezaba yo a darme cuenta de que esa visibilidad inmediata era fulgor del Ver rindiendo posibles verdades. Ahora ya sí sé qué posibilidades cerré a esa realidad al empezar a hacer recaer, en mi vida y en la de otros, el curso de esa apuesta vital. Me encuentro situado a distancia y en pérdida de aquella realidad. Desde aquí la filosofía y el pensamiento parece que se nos hace cuesta arriba, en el mejor de los casos, al no resignarme a que esa situación lo sea todo; o, quizás, solo me quede convertirlos en divertimento: filosofía como entretenimiento para sobrevivir, una vez hayamos hecho del escepticismo credo de vida.

En ese sentido no es de extrañar que se declaren como grandes logros del conocimiento haber encontrado, siguiendo la analogía, una pieza a medida que encaje en el puzle realidad, puzle que nunca podrá ser eso que quiero creer que es y podría llegar a ser: realidad. Más difícil todavía si me convenzo reiteradamente de estar esclareciendo la realidad al acometer un relativo ocultamiento de su visibilidad. Si nos evadimos reiteradamente de ese fulgor originario del Ver, que debió ser la visibilidad a cada instante, favorecemos lógicas y hábitos por los que nos acostumbramos a decidir acerca de lo que nos incumbe socialmente, y a opinar sobre lo que no, según un falso mal menor que nos facilita las decisiones. Aunque ciertamente sea mal y prefiramos darlo por menor, nos veremos tratando de justificar la injustificable creencia autoinducida de que un mal es menor debido a la menor afectación dañina, esto al ser menos visible en términos de aparentar serlo respecto a otros males de una escala que contenga el criterio de valor que hayamos establecido. Se realiza así una inversión de la comprensión del fenómeno a través de los términos.

Lo que aquí está en juego es que casi estamos desatendiendo de un modo definitivo la visibilidad del alcance de un mal, que de vuelta al vidente en el fulgor inmediato del Ver le exige más de sí, al manifestarse como un clamor de bien posible en las vidas sufrientes. De ahí que no se pueda considerar en serio mal alguno como mal menor, ni visible en ese sentido, pues sería apariencia en vacío, al ser solo pareceres a medida poniendo una pieza faltante en el puzle realidad. Estirando la analogía de las piezas, menor vendría a ser en este caso, al decidir según el exclusivo criterio del mal menor, esa pieza que nos salvaría a nosotros en nuestra realidad figurada a medida, dándonos la confianza de estar recomponiendo una parte importante del todo de la realidad y de algún desbarajuste que subsanamos a favor de su visibilidad más posiblemente verdadera y buena, o por lo menos eso creemos estar haciendo.

Al hilo de este primer modo de ocultamiento, según la duda instrumental, deviene solapado el segundo modo: el inintencionado, que es una profundización del primero. Tiene su punto de inintención no en el no proceder intencionadamente sino en la normalidad de no darnos cuenta de estar de lleno sirviendo a una especie de gramática del ocultamiento; aunque nos veamos a sí mismos partícipes del esclarecimiento de la realidad en su amplísimo espectro de fenómenos y acontecimientos.

Este ocultamiento ocurre precisamente en mí, me lo he infligido, ¡y parece que no te estás dando cuenta!, va en crecida al convencerme de su necesidad sin proponérmelo. De ahí que dedique una parte importante de mi tiempo de trabajo y pensamiento a una incesante remontada vital que me permita algún destello de claridad respecto a la oscuridad dominante, por la que pueda arañar algo de la visibilidad de un ver más cierto, de un mejor método que me permita abordar, asaltar o sorprender en su verdad lo más interior de mí, las tramas y lo más recóndito de las realidades que parecen multiplicarse ahora, es como si se estuviese desarmando inesperadamente y ante mis ojos el acoplamiento de lo que con tanto esfuerzo venía encajando en mi puzle realidad.

El impulso inicial e incipiente en este proceder, relativamente inintencionado, es parecido al caso de quien a fuerza de sacar ocasionalmente la cabeza en medio de una muchedumbre para abrirse paso y poder hallar alguna salida tiene la firme convicción de que la hallará en alguna dirección, ya sea porque al sacar la cabeza se convenza de que realmente la está viendo o porque piense que la inercia de la muchedumbre tarde o temprano lo llevará a ella; "sea cual sea, pero por alguna salida saldré", se dice.

Nos resistimos a sucumbir, o a resignarnos de modo definitivo, a nuestras propias mentiras o al ocultamiento que ya hemos operado y al que le concedemos inintencionadamente un estatuto de dominador cierto de la realidad. Nos parece insufrible vivir sin esperanza, "¡claro que la hay!", diremos en esta pendiente en bucle, como correlato trascendente del impase de realidades dispersas que me han ido apareciendo. No tengo noción alguna que me permita advertir que estoy llamando esperanza a mi desesperación en sus límites, haciendo de ella un correlato al que asirme en el extravío de quien no se halla en medio de los despojos y retazos de las realidades que ha ido agotando. Me reconforto diciéndome: "como la esperanza no es visible justo por eso es esperanza de algo más por desentrañar de la realidad por desentrañar".

Y de nuevo ¡vuelta a empezar! a la recomposición del puzle, aunque esta vez sean puzles realidades (en plural), que para efectos prácticos debería ir de lo mismo que el anterior, que parecía más sencillo y me llevó a estos, aunque pueda haber alguna probabilidad de que vaya a requerir nuevos métodos de análisis y encaje.

Notemos que aquí visibilidad significará figuración de la realidad como "exterior visible". La inversión y distorsión del término visible ya ha sido operada en este particular ocultamiento a través de la duda instrumental. Lo visible está despojado de la carga fenoménica que originalmente contiene al ser dado según los rendimientos inmediatos del Ver. En el mismo sentido realidad será tan solo un trozo de este visible exclusivamente figurado, sin vínculo alguno con la manifestación de los fenómenos.

Finalmente, la otra cara de la alternativa que parece no podemos ni siquiera atisbar en esta situación vertiginosa, sería un nacimiento a la visibilidad en la realidad a ambos lados del mismo umbral respecto al ver originario. Llamo a este umbral Ante, y en él llegamos a estar situados según cargas existenciales diferentes respecto al ver originario y su visibilidad inmediata. En un lado pesa la desesperación por-venir cuando la vuelta a empezar ya mencionada no ha cesado de pungirnos y nos deja en evidencia en el Ante de mi Sí mismo, abriéndose así en el umbral, a mí y desde mí, el ¿Y si...? en interrogativa: inquietud por determinar, precediendo el impulso de disposición al Ver.

Del otro lado pesa a la inversa, aliviana, como alivio del espíritu en el Ante de las posibilidades de la visibilidad, umbral en el ¡Y si...! en exclamativa: Inquietud, donde su punto de carga relativa se da en lo inesencial de esta, siendo por ello Inquietud requerida en el lleno expansivo del Ver. Este lado de la Alternativa en el nacimiento a la visibilidad será motivo visible de una esperanza que está por fundar, no por ello infundada como es evidente.

Con mi mejor ánimo recurro ahora a tu comedimiento de lector y te invito a releer a continuación la cita inicial que hemos tomado del Diario Metafísico de Marcel y el primer párrafo de nuestro texto. Espero con esto último poder corresponder, aunque sea ínfimamente, a algo del Ver disponible de tu propio curso vital y reflexivo, ese que es Ver en la Realidad.

DA VISITA DO ANJO À DO LEGIONÁRIO DE MARIA: ASPECTOS DO MOVIMENTO APOSTÓLICO LEGIÃO DE MARIA NA PERSPECTIVA DA FILOSOFIA DIALÓGICA DE MARTIN BUBER

Isabel Cristina das Neves Oliveira

Quem é esta que avança como a aurora,
Formosa como a lua, brilhante como o sol,
Terrível como um exército em ordem de batalha?
(Catena Legions)

Maria de Nazaré

Não se sabe exatamente onde teria nascido a mulher citada na Bíblia como a que gerou Jesus Cristo. São apontadas três possíveis cidades: Belém, Nazaré e Séforis (a 95 km de Nazaré). É mais provável que Maria tenha nascido em Nazaré, uma cidadezinha no sul da Galileia, tão insignificante que nem sequer aparece entre as mais insignificantes, do vasto Império Romano. De tal forma, como poderíamos imaginar que, em um lugar assim tão ínfimo, ignorado, nasceria "alguém" cujo nome, pautado em sua trajetória de fé, submissão a Deus e ideal de maternidade, poderia projetar para o futuro, séculos e séculos à frente, uma das maiores religiões do mundo — o cristianismo. Essa simples menina geraria um ser humano capaz de, com sua trajetória, dividir a História do mundo.

Maria nasceu por um milagre, pois Ana, sua mãe, não podia conceber uma criança, mas gerou-a idosa. Joaquim, o pai de Maria, lamentou não deixar descendência em Israel, como todos os justos tinham deixado, e se sentia muito triste[1]. Já idoso, subiu para o deserto e resolveu jejuar até receber o milagre que o patriarca Abraão recebera quando, no final de sua vida, Deus lhe dera o filho Isaac.

Enquanto isso, Ana, sua mulher, futura mãe de Maria, se lastimava duplamente pela possível viuvez e pela esterilidade. Sentada à sombra de um loureiro, lamentava-se a Deus por sua condição. Eis que apareceu um

---

[1] Protoevangelho de Tiago. O Novo Testamento não detalha o nascimento de Maria.

anjo do Senhor e declarou: "Ana, Ana, o Senhor Deus ouviu a tua oração. Conceberás e darás à luz e, em toda a Terra, se falará de tua descendência". E um anjo de Deus desceu a Joaquim e lhe disse: "Joaquim, Joaquim, o Senhor Deus ouviu a tua oração. Desce daqui, pois tua esposa Ana concebeu em seu seio".

Maria cresceu prodigiosa. Quando a menina chegou aos 3 anos, Joaquim resolveu entregá-la ao templo do Senhor, pois ele e sua esposa, Ana, já estavam com idade avançada e assim garantiriam o futuro de Maria. Esta permaneceu no templo do Senhor. Ao completar 12 anos, os sacerdotes resolveram encontrar um marido para ela, para que não manchasse o templo do Senhor. Zacarias, o sacerdote que presidia o templo, após orar, convocou os viúvos entre o povo. Reuniram-se todos os viúvos em grupo e José também estava entre eles. E José foi o escolhido.

Disse o sacerdote: "José, José, coube a ti receber a virgem do Senhor para tomá-la sob tua guarda". José, temendo ser muito velho para Maria e ter mais filhos, e a zombaria do povo, recusou-se. Porém, José, avisado pelo sacerdote do temor do Senhor, tomou Maria sob sua guarda: "Maria, eu te recebi do templo do Senhor. Deixo-te, agora, em minha casa, pois vou continuar minhas construções. Voltarei a ti. O Senhor te guardará". Recolhida no templo, desposada de José, mas "sem mancha diante de Deus"[2].

Ocorre que, por ser "sem manchas diante de Deus", Maria foi convocada para tecer um véu ao Templo do Senhor; Maria tomou o escarlate e começou a fiar. Apanhou um cântaro para tirar água, e eis que uma voz lhe disse: (Lc 1, 26) "Alegra-te, cheia de Graça; o Senhor está contigo; bendita és tu entre as mulheres".

Maria olhou ao redor para ver de onde vinha a voz. Com medo, deixou o cântaro, entrou em casa e voltou a fiar. E então um anjo apresentou-se diante dela e disse: "Não tenhas medo, Maria, porque encontraste graça diante do Soberano Senhor de todas as coisas. Tu conceberás por sua palavra". Maria perguntou hesitante: "Eu conceberei do Senhor Deus vivo e darei à luz como todas as mulheres?" Ao que o anjo respondeu: "Não será assim, Maria, porque o poder de Deus te cobrirá com sua sombra. Por isso, o santo que nascerá de ti será chamado filho do Altíssimo. Tu lhe darás o nome de Jesus, porque ele salvará seu povo de seus pecados". Disse Maria: "Eis que a Serva do Senhor está diante dele. Faça-se em mim segundo a tua palavra" (Lc 1, 38).

---

[2] Protoevangelho de Tiago. O Novo Testamento não detalha o casamento de Maria e José.

Por essa narrativa verifica-se a coragem de uma menina, em uma sociedade patriarcal, que corre o risco de ser apedrejada até à morte e, sem hesitação, crê no insondável, no incompreensível. É o início da trajetória do cristianismo, que no futuro arrebatará milhões de mentes e em cujo nome serão justificadas atitudes boas e perversas de diversas vertentes religiosas.

Dois episódios narrados nos Evangelhos de Lucas e de João são citados para comprovar a importância de Maria para o cristianismo, bem como para o culto mariano. O primeiro é o episódio conhecido como a visita de Maria à Isabel, sua prima (Lc 1, 39). O episódio narra a mensagem do anjo que na anunciação avisa que sua parenta — Isabel — conceberá em sua velhice. Isabel, já idosa, sempre fora considerada estéril. Já estava com seis meses de gravidez. Conforme o evangelista Lucas, Maria se levantou e se dirigiu "apressadamente" à serra, em um pequeno povoado na Judéia, onde morava Isabel. Esta, ao ouvir a saudação de Maria, entrando em sua casa, sentiu seu filho dar um salto em seu ventre e exclamou: "Bendita és tu entre as mulheres e bendito o fruto de teu ventre – Quem sou eu para que me visite a mãe do meu Senhor!" Esta passagem marca a humildade e a alteridade de Maria, quando, ao saber que sua prima idosa estava com seis meses de grávida, dirigiu-se imediatamente para ajudar a prima naquela situação difícil. Esse aspecto servirá, quase dois mil anos depois, como um norte para o movimento católico Legião de Maria.

O segundo episódio é o conhecido como "As Bodas de Caná" (João 2). Jesus e Maria, de acordo com João Evangelista, compareceram a um casamento em Caná da Galileia. Ocorreu que o vinho acabou no meio da festa. Maria avisou a Jesus que os anfitriões não tinham mais vinho e pediu a Ele que ajudasse. Jesus respondeu à Maria que não havia ainda chegado a sua hora. Mas Maria, em uma atitude materna, de comando, dirigiu-se aos serventes da festa e lhes determinou: "Fazei o que ele vos disser". Jesus obedeceu à sua mãe e pediu aos serventes que enchessem as talhas de água. Quando a água foi levada ao mestre-sala (que era uma espécie de gerente da festa), este provou o vinho e exclamou que era o melhor vinho da festa. Nessa ocasião, Maria demonstra a sua influência sobre Jesus. É ela que sinaliza que Ele já estava preparado, embora Ele mesmo achasse que não, para sua missão. Com isso, o poder de intercessão junto a seu filho, Jesus, é reivindicado pelos que nela creem, já que ajudou a família em um momento crucial, delicado, que, de acordo com os costumes da época, teria repercussões sociais negativas em suas vidas. A falta do vinho no meio de uma festa de casamento seria uma vergonha e desprestígio social muito grande para aquela família. Foi Maria a intercessora, aquela que ajudou incondicionalmente, considerando as necessidades da situação. Ali então Maria demonstrou para o futuro o acesso ao seu filho.

A Legião de Maria

O movimento católico Legião de Maria surgiu com a finalidade de contribuir com a evangelização da Igreja Católica. Foi criado em Dublin, Irlanda (onde fica a sede da Legião de Maria), em 7 de setembro de 1921 por Frank Duff[3]. No movimento as pessoas se reúnem para auxílio espiritual àqueles que se encontram em situação de vulnerabilidade social, como moradores de rua, prisioneiros, hospitalizados, mulheres em situação de prostituição, idosos em abrigos etc. Os países que possuem maior tradição ao culto mariano são os que têm maior número de membros do movimento: Coreia do Sul, Filipinas, Brasil, Argentina e República do Congo.

O movimento Legião de Maria foi pensado em um modelo de organização inspirado nas hierarquias do exército romano — a Legião Romana — com a perspectiva analógica de que os legionários são soldados de Maria para cumprir sua ordem, fazer a caridade.

A administração da Legião de Maria está confiada aos seus diversos conselhos. A estes cabe, dentro da esfera da sua jurisdição, assegurar a unidade, defender os ideais primitivos da Legião de Maria, guardar puros o seu espírito, os seus regulamentos e os seus costumes e, finalmente, tratar da sua expansão. O dever principal de todo conselho é obedecer ao conselho superior imediato. Seguem, em ordem decrescente, os conselhos que compõem a Legião de Maria:

Quadro 1 – Estrutura da Legião de Maria em ordem decrescente

CONSELHO	TRADUÇÃO	FUNÇÃO
Praesidium	Do latim, proteção	- A organização da Legião de Maria baseia-se na hierarquia Legião Romana; - Via de regra, compreende um grupo de 4 a 20 membros, que se reúne semanalmente.

---

[3] Frank Duff nasceu em 7 de junho de 1889, funcionário público e católico devoto. Participava da Santa Missa e comungava diariamente, o que não era comum entre os católicos na época. Rezava diariamente o Rosário. Desenvolveu uma profunda compaixão pelos menos favorecidos. Em 7 de setembro de 1921, na Arquidiocese de Dublin, formou o primeiro Praesidium da Legião de Maria. Morreu em 7 de novembro de 1980 aos 91 anos. Duff dedicou-se até o fim de sua vida à expansão mundial da Legião de Maria.

CONSELHO	TRADUÇÃO	FUNÇÃO
Cúria	Cúria	Supervisiona vários *Praesidia* (plural de *Praesidium*).
Comitium	Do latim, Comício	- É responsável por várias cúrias; - Geralmente sobre uma área como uma cidade ou parte de um estado.
Regiæ	Régia	- Encarregado de territórios maiores, como uma província, região ou estado; - Escolhido pelo *Concilium* para exercer autoridade sobre a Legião de Maria numa região, logo abaixo do *Senatus*.
Senatus	Senado	- Tem controle sobre as Régias em uma área muito grande, geralmente um país ou território extenso; - Designado pelo *Concilium* para exercer a autoridade numa nação, será chamado *Senatus*; - O Brasil possui oito *Senatus* (plural homônimo).
Concilium Legionis Mariae	Concílio da Legião de Maria	- É o órgão maior. Tem sua sede em Dublin, Irlanda, e tem controle sobre tudo da Legião; - Sua atual presidente e autoridade suprema é Sile Ni Chochlain.

Fonte: Legião de Maria. Wikipedia

A base do movimento Legião de Maria são as reuniões semanais realizadas pelo *Praesidium*. Todos os níveis de organização da Legião de Maria possuem um(a) presidente, um(a) vice-presidente, um(a) secretária(o) e um(a) tesoureiro(a). Durante as reuniões, o(a) presidente, o(a) vice-presidente e o(a) secretário(a) do grupo e os outros membros (sem cargo assumido) assentam-se ao redor da mesa com o altar legionário padrão. O altar legionário é constituído de uma toalha branca com o nome bordado ou pintado em latim "*Legio Mariae*", em letras vermelhas. Uma imagem com cerca de 60 cm de Nossa Senhora das Graças. A imagem é ladeada por dois jarros de flores (de preferência, naturais) e dois castiçais com velas acesas. A reunião inicia-se com a reza do terço e a seguir a leitura espiritual que está no manual[4]. A secretária lê a ata da reunião anterior, narrando tudo o que ocorreu na última reunião. Ato contínuo, o

---

[4] *Manual oficial da Legião de Maria*: é o livro oficial do movimento Legião de Maria. Contém procedimentos, postura, compromissos, orações, organização, funcionamento etc.

tesoureiro lê o relatório da situação financeira do *Praesidium*, enquanto se realiza, em saco de tecido branco, a coleta. É lido um relatório de todas as atividades feitas durante a semana, principalmente as visitas aos doentes em residências, hospitais e presídios. No início e no fim, usa-se a *Catena Legios* (folheto que contém todas as orações da Legião de Maria). Sobre o altar, cada um dos elementos simboliza uma sinalização para a fé, mas o principal é a imagem que representa a própria presença de Maria, que inspirou o movimento, pois

> [...] o ícone é uma janela aberta para o céu e, ao mesmo tempo, uma testemunha do céu. Aqui temos a precedência do Criador sobre as obras da criatura que passam a ser testemunhas da realidade divina. (Mendonça, 2018, p. 41).

Falando da experiência legionária na Amazônia

Em Ananindeua, localizada na Região Metropolitana de Belém, no Pará, metrópole principal da Região Amazônica, situa-se o *Praesidium* Rainha do Santo Rosário (cada *Praesidium* tem uma denominação geralmente ligada à Nossa Senhora). A presidente — dona Wal — informa que está na Legião de Maria há mais de 30 anos; declara que já realizou centenas de visitas, muitas em áreas de invasão, sem saneamento básico e com altos índices de violência. Relata que uma das mais marcantes foi quando chegou a uma casa de uma invasão localizada na jurisdição de sua paróquia, e ouviu uma discussão muito forte com gritos. Ela e a outra legionária resolveram bater assim mesmo. Um homem atendeu abrindo a porta com uma foice na mão. A legionária Wal sentiu que havia interrompido uma briga e uma possível agressão séria. Ela e sua companheira legionária insistiram e adentraram a casa com coragem, acalmando os ânimos.

No mesmo *Praesidium*, a secretária Lourdes está há 26 anos "trabalhando" na Legião de Maria. Do que mais gosta é fazer visitas e proporcionar assistência espiritual às pessoas. Dona Lourdes destaca que recentemente fez uma visita a uma idosa de 103 anos, a qual a deixou muito emocionada diante da alegria que a idosa demonstrou. Relata também uma visita a um homem que estava em estado terminal de câncer e que não aceitava o fato de que teria que morrer. Após rezarem o terço e conversarem, conseguiram levar paz ao moribundo, o qual passou a aceitar a morte.

As visitas realizam o propósito inicial da Legião de Maria, que é a caridade espiritual, e não material, já que

[...] o mundo invisível não está só limitado por nossa visão física, mas pela visão espiritual que diz respeito à fé em outra vida, em outra dimensão. A comprovação disso, para o cristão, é a Ressurreição do Cristo que vence a morte, a corrupção e finitude da matéria. (Mendonça, 2018, p. 47).

Dentro desse quadro, o movimento Legião de Maria incorpora as propostas da Mãe, Nossa Senhora, e do Filho, Jesus Cristo. Declaram-se servas de Maria e de Deus com seriedade, com respeito ao próximo e com amor incondicional. Propõem-se a realizar o que ela ordenou e procuram fazer o que Cristo fez: amar ao próximo como a si mesmo (Mt 22, 36-39) e dar um pouco de alento aos que mais necessitam da palavra, da paz, procurando seguir o legado de Maria e de seu filho.

Essa parece ter sido sempre a vontade de Maria. Alguém poderia questionar: como Nossa Senhora escolheria leigos, pessoas comuns do povo para realizar esse trabalho de caridade, e não pessoas eminentes da sociedade ou mesmo sacerdotes? No entanto, poderíamos pensar sobre suas aparições em Fátima e em Lourdes, por exemplo, quando Nossa Senhora apareceu para pessoas pobres. Uma tradição que demonstra bem isso é a aparição de Nossa Senhora de Guadalupe no México. Nossa Senhora de Guadalupe, ao responder a Juan Diego que lhe pedira que procurasse outra pessoa para falar com o bispo porque ele não era ninguém, disse: "Escuta, meu filho, tem por certo que não são poucos os meus servidores, os meus mensageiros, a quem eu encarreguei de levar o meu alento, a minha palavra e que fazem a minha vontade, mas eu quero você", ou seja, Nossa Senhora escolhe quem ela quer, independentemente dos julgamentos humanos. Da mesma forma ocorreu em Fátima com os três pequenos camponeses; em Lourdes com a jovem camponesa Bernadete; em São Paulo com pescadores em Aparecida; e em Belém do Pará com o ribeirinho Plácido.

Legião de Maria: caminho possível para o diálogo

Figura 1 - O Altar. Figura 2 - O grupo de filhas de Maria

Fonte: acervo da autora

Martin Buber denomina de "palavra-princípio" o vocábulo que designa para se referir a relação de dualidade entre pessoas. A primeira palavra-princípio é o vocábulo Eu-Tu; e a segunda, o Eu-Isso. Esses vocábulos, segundo Buber (2001, p. 51), querem dizer que: "as palavras-princípio não exprimem algo que pudesse existir fora delas, mas uma vez proferidas elas fundamentam uma existência". Quando se pronuncia Tu, também se diz, ao mesmo tempo, o Eu da palavra-princípio Eu-Tu. Do mesmo modo, quando se diz Isso, profere-se também o Eu da palavra-princípio. Buber irá tipificar a estrutura dual das relações humanas e da existência que se conforma a partir delas: a relação Eu-Tu e a relação Eu-Isso. O Eu se constitui na relação com o outro. Na relação Eu-Tu, há a presunção do Eu, cuja construção se dá através da relação com o Outro, o Tu. O encontro entre o Eu e o Tu é um evento no qual há o olhar face a face. Há reciprocidade. Enquanto na relação Eu-Tu o Eu é uma pessoa, na relação Eu-Isso o Eu é um eu voltado para o seu próprio Ego. Nessa proposta, esclarece Buber que "o Tu se encontra comigo por graça; não é através de uma procura que é encontrado. Mas endereçar-lhe a palavra princípio é um ato de meu ser, meu ato essencial" (Buber, 2001, p. 57). E, neste sentido, as relações Eu-Tu (assim como as Eu-Isso) podem atravessar as instituições, ocorrendo intersubjetivamente entre os seus membros. Assim é que a missão central do movimento Legião de Maria, de tocar as pessoas pela caridade espiritual, pela alegria, pela abordagem com confiança e com amor, pode ser um canal de abertura para a relação Eu-Tu:

> O espírito da Legião é o próprio espírito de Maria, de quem os legionários se esforçarão, de modo particular, por adquirir a profunda humildade, a obediência perfeita, a doçura angélica, a aplicação contínua à oração, a mortificação universal, a pureza perfeita, a paciência heroica, a sabedoria celeste, o amor corajoso e sacrificado a Deus e, acima de tudo, a sua fé, virtude que só Ela praticou, no mais alto grau, jamais igualado. Inspirada nesta fé e neste amor de Maria, a legião lança-se a toda tarefa, seja ela qual for [...]. (Legio, 2014, p. 19).

Não basta apenas a devoção e o amor à Maria, mas a caridade deve ser praticada pelos que a seguem com uma proposta de abertura dialógica diante do Outro. Há a necessidade de o legionário manifestar interesse pelas famílias visitadas, o que pode ser traduzido por uma responsabilidade pelo outro; mesmo quando ocorrem situações dramáticas e difíceis, a proposta é não abandonar as pessoas. Nessa perspectiva, Buber nos fala de responsabilidade quando discorre sobre o amor:

> Amor é responsabilidade de um Eu para com num Tu, nisto consiste a igualdade daqueles que amam, igualdade que não pode consistir em um sentimento qualquer, igualdade que vai do menor, ao maior do mais feliz e seguro, daquele cuja vida está encerrada na vida de um ser amado, até aquele crucificado durante sua vida na cruz do mundo por ter podido e ousado algo inacreditável: amar os homens. (Buber, 2001, p. 59).

A proposta é amar aos homens incondicionalmente e trabalhar como soldados da não violência para atingir, com delicadeza, amor e abnegação, as mais endurecidas vivências:

> Queixemo-nos, com amargura, da rudeza e perversidade de certos indivíduos, e não nos recordamos – oxalá nos recordássemos a tempo! – de que as disposições que neles repreendemos, são consequências do duro trato, embora merecido. A flor que desabrocharia ao suave calor da doçura

> e da compreensão, fecha-se completamente num ambiente frio. Por outro lado, o ar de simpatia que o bom legionário irradia por toda a parte, a prontidão em escutar, em compenetrar-se profundamente do caso concreto que lhe apresentam, são de uma irresistível suavidade, capaz de amolecer ainda o coração mais endurecido e desorientado, e de conseguir em cinco minutos, o que falharia em um ano inteiro de observações e conselhos.
>
> Pessoas de caráter difícil andam sempre cheias de raiva. Irritá-las seria provocar novos pecados e torná-las ainda mais difíceis de se deixarem atingir pela graça. Para ajudar essas pessoas, é necessário conduzi-las com um tratamento respeitoso e tranquilo, o que poderá contribuir para acalmá-las. (Legio, 2014, p. 366).

O legionário é aconselhado ao abandono das tentações da vida, que o levariam a desprezar e abandonar o próximo. Assim, o ego deve estar em segundo plano:

> Há uma tentação natural, quase irresistível, de abandonar esses pobres a si próprios. E, no entanto, o legionário não pode, nem deve ceder perante esses raciocínios humanos, porque são falsos. Deus ama estas pessoas, por mais desprezíveis e desfiguradas; e tanto e tão ardentemente, que lhes mandou o Seu Filho Unigênito, nosso adorável Salvador, que neste momento está com elas. (Legio, 2014, p. 367).

Percebe-se o conselho de abandonar o ego em favor do outro, ou seja, enfatizar a relação Eu-Isso, que é, sobretudo, uma relação em que prevalece, segundo Buber, a experiência e a utilização, e não o diálogo, como na relação Eu-Tu (Buber, 2001, p. 90).

O amor aqui é o amor cristão, distante do amor que, em Platão, busca atender à aspiração da alma ou, em Aristóteles, atender à condição natural do homem;

> [...] o pensamento cristão vê a fonte do amor na infinita perfeição e criatividade do Ser Divino. O próprio Deus é amor (1 Jo 4.8). A sua própria substância é uma comunidade amorosa de três Pessoas divinas. Ele cria o mundo por amor. E por amor Ele envia seu Filho para redimir o homem. O Verbo feito carne é o Amor encarnado que chama o homem, feito à sua imagem, a participar na sua vida. A vocação básica do homem é agora a do amor generoso, ágape. A sua tarefa árdua é promover o reino de Deus na terra, dedicar-se ao

Senhor, que procura uma presença cada vez mais plena no mundo que Ele criou. Nesta perspectiva, até a procura da felicidade pessoal está subordinada à pura devoção a Deus e à sua glória. (New Catholic Encyclopedia, 2002, v. 8, p. 837).

Amor que se assume como caridade nos termos de São Paulo, na Carta aos Coríntios:

Ainda que eu falasse as línguas dos homens e dos anjos, se não tiver caridade, sou como o bronze que soa, ou como o címbalo que retine. Mesmo que eu tivesse o dom da profecia, e conhecesse todos os mistérios e toda a ciência; mesmo que tivesse toda a fé, a ponto de transportar montanhas, se não tiver caridade, não sou nada. Ainda que distribuísse todos os meus bens em sustento dos pobres, e ainda que entregasse o meu corpo para ser queimado, se não tiver caridade, de nada valeria!. A caridade é paciente, a caridade é bondosa. Não tem inveja. A caridade não é orgulhosa. Não é arrogante. Nem escandalosa. Não busca os seus próprios interesses, não se irrita, não guarda rancor. Não se alegra com a injustiça, mas se rejubila com a verdade. Tudo desculpa, tudo crê, tudo espera, tudo suporta. A caridade jamais acabará. As profecias desaparecerão, o dom das línguas cessará, o dom da ciência findará. A nossa ciência é parcial, a nossa profecia é imperfeita. Quando chegar o que é perfeito, o imperfeito desaparecerá. Quando eu era criança, falava como criança, pensava como criança, raciocinava como criança. Desde que me tornei homem, eliminei as coisas de criança. Hoje vemos como por um espelho, confusamente; mas então veremos face a face. Hoje conheço em parte; mas então conhecerei totalmente, como eu sou conhecido. Por ora subsistem a fé, a esperança e a caridade – as três. Porém, a maior delas é a caridade. (1 Cor, 13).

Considerações finais

"Católico" significa universal, como deveria ser o sentimento de amor e de plenitude para preencher o homem, ao contrário dos sentimentos de ódio e de destruição da vida. A proposta de Maria, pela sua trajetória, tornou a caridade e a alteridade universais, porque todos os humanos são seus filhos. Maria não teve medo, mas, de outro lado, teve fé e amor. Assim, também o amor é real; e também podemos pensar o amor como um sentimento que deve reinar entre todos. A caridade é uma forma de prática desse amor.

Deus apresentou para o mundo, por intermédio de Maria, um outro portal para a paz. Apresentando-nos seu filho amado que veio trazer esperança e fé em uma vida além desta, bastando seguir a sua ética de amar ao próximo como a si mesmo, como Buber simplifica nos pronomes EU-TU; e o amor incondicional pautado na responsabilidade pelo outro. A trajetória de Maria e do movimento Legião de Maria se coadunam à visão de Buber, na medida em que tratam de um modo de pensar baseado na esperança e na possibilidade de ocorrer uma relação dialógica entre os homens e o mundo.

Referências

BUBER, Martin. **Do diálogo e do dialógico**. São Paulo: Perspectiva, 1982.

BUBER, Martin. Eu e Tu. São Paulo. Centauro. 2011.

LEGIÃO DE MARIA. Wikipedia, 2025. Disponível em: https://pt.wikipedia.org/wiki/Wikip%C3%A9dia:P%C3%A1gina_principal. Acesso em: 21 jan. 2025

LEGIO MARIAE. **Manual oficial da Legião de Maria**. 3. ed. Dublin: Concilium Legionis, 2014.

MENDONÇA, Kátia. **A imagem**: uma janela para o invisível. Belém: Marques Editora, 2018.

SCHÖKEL, Luís Alonso. **Bíblia do peregrino**: Novo Testamento. São Paulo: Editora Paulus, 2000.

TIAGO. Protoevangelho. *In*: BÍBLIA apócrifa: a história do nascimento de Maria. 7. ed. Petrópolis: Editora Vozes, 2001.

THE NEW Catholic Encyclopedia. 2. ed. New York: Gale, 2002. v. 8.

RELIGIOSIDADE/ESPIRITUALIDADE, SAÚDE E ENVELHECIMENTO À LUZ DOS TEÓRICOS DA FILOSOFIA DO DIÁLOGO

Joana D'arc do Carmo Lima

Introdução

As últimas décadas têm sido marcadas pelo aumento da população idosa e, principalmente, pelo aumento das pesquisas no campo da saúde e do envelhecimento, onde, até bem pouco tempo atrás, essa área do saber estava restrita às pesquisas no campo da Biomedicina, com ênfase na Geriatria e Gerontologia.

Recentemente com a pandemia da Covid-19, muitos profissionais da medicina voltaram seu interesse para tais pesquisas, em virtude de terem percebido a forte correlação entre saúde, envelhecimento e espiritualidade, em que, através da investigação científica, puderam comprovar a importância da dimensão da espiritualidade para a cura dos pacientes, principalmente por aqueles que foram acometidos pelo vírus da Covid-19. Sendo assim, a partir de 2019, muitas pesquisas foram realizadas para compreender quanto a espiritualidade tem influenciado a cura de doenças físicas e psíquicas, principalmente com a população idosa.

Atualmente, todos os campos do saber se preocupam em realizar investigações que buscam conhecer as múltiplas dimensões que influenciam a saúde integral do indivíduo, ou seja, procuram adotar uma abordagem múltipla e interdisciplinar que avalie não só a dimensão saúde, mas todas as áreas correlacionadas, como os aspectos biopsicossociais e os espirituais, os quais são fundamentais para direcionar as políticas públicas que possam resultar em melhoria das condições de saúde da população, em especial, dos idosos.

Neste contexto, é necessário compreender que os aspectos de humanização na saúde têm papel importante para os serviços de saúde pública, resultando em bem-estar para a população em geral; entretanto, este processo deve estar pautado por uma ética fundamentada na responsabilidade para com o Outro e que respeite a subjetividade e as diferenças, garantido, assim, o direito às pessoas de acesso aos serviços de saúde com qualidade.

Nosso objetivo aqui foi dialogar com a ética filosófica de Buber e Lévinas ao considerá-la como um ponto-chave para interpretar o paradigma da humanização na saúde, e apresentar sugestões de como o idoso pode ser acolhido nessa relação, considerando as dimensões biopsicossocioespirituais.

No estudo revisitamos os teóricos supracitados por entendermos que tais autores buscam estabelecer uma relação ética de encontro com o Outro, fundamentada no diálogo intercomunicativo, que abrange a totalidade do indivíduo na relação. Quanto aos serviços de saúde, tais teóricos nos deixam pistas para a compreensão das relações que se estabelecem dentro das instituições e de como as relações humanas podem ocorrer, em especial, no aspecto do cuidado prestado pelos profissionais de saúde na contemporaneidade, em que nem sempre os preceitos éticos são exercidos, prevalecendo a instrumentalização e a individualidade nas relações.

Religiosidade/espiritualidade, envelhecimento e saúde

O contexto social que vivenciamos hoje está marcado por um processo de fragmentação das condições materiais, morais, políticas e sociais que afetam nossa saúde física e mental. Dentro desse contexto, o indivíduo muitas vezes vivencia uma experiência de desamparo e vazio existencial que atinge sua subjetividade, podendo causar um desequilíbrio emocional, que interfere negativamente na busca por um sentido positivo de vida.

Para Dalgalarrondo (2008, p. 3), a religião e a espiritualidade são arcabouços de significações que atribuem sentido à existência e, consequentemente, a vivências de sofrimento, caracterizando-as como ligadas irremediavelmente à condição humana, constituindo, assim, a subjetividade do sujeito.

Durante muito tempo, a racionalidade científica foi considerada satisfatória para explicar a origem dos males da humanidade, principalmente com relação à saúde mental. Tal tema hoje, além de contar com inúmeras pesquisas que utilizam novas tecnologias, também assume novos significados, seja na esfera da saúde ou dos demais campos dos saberes inter-relacionados, estabelecendo uma interdisciplinaridade entre essas diversas áreas de pesquisa.

Lancetti e Amarante (2006) consideram a saúde mental como um processo em que o indivíduo busca recursos para proteger sua subjetividade, de modo a preservá-la das ameaças externas que possam abalar o seu bem-estar.

Dentro dessa perspectiva, a Organização Mundial da Saúde (OMS) orienta que o tema de espiritualidade se encontra integrado ao conceito multidimensional de saúde, sendo este mais amplo, abrangendo um sentido que envolve a qualidade de vida; considerando que o mesmo está relacionado à dimensão espiritual como um todo, que vai muito além da prática de uma religião, incluindo aspectos das emoções e convicções, que nem sempre são compreendidas ou percebidas fisicamente (Volcan; Mari, 2003).

Importante aqui esclarecermos as questões diferenciais entre a religiosidade e a espiritualidade. Para Murakami e Campos (2012, p. 451), a primeira representa um sistema de culto e dogmas que é compartilhado por um grupo e, portanto, tem características comportamentais, sociais, doutrinárias e valores específicos, representando uma dimensão social e cultural da experiência humana. Já a espiritualidade se constitui de um sentimento íntimo existencial; uma busca pelo sentido de viver e estar no mundo e que não necessariamente vai estar ligado à crença em algo maior, como um Deus.

No contexto social, em geral a prática religiosa assume dois aspectos: 1) positivo, quando se apresenta como um espaço coletivo que agrega pessoas que se sentem integradas a um grupo e que partilham suas experiências; 2) negativo, quando a experiência está centralizada em dogmas e rituais, apenas visando o cumprimento de normas institucionais.

Diversas pesquisas científicas apontam aspectos positivos entre a saúde em geral e a espiritualidade. No campo da saúde pública, Panzini e Bandeira (2005) demonstram que, quando as pessoas apresentam comportamento voltado para a espiritualidade, elas tendem a evitar envolvimento com situações de violência ou relacionadas a outros fatores de risco para sua saúde e bem-estar físico e emocional.

Oliveira e Junges (2012) destacam que a OMS, em 1998, incluiu a dimensão espiritual no conceito multidimensional de saúde, nos seguintes termos: "remetendo a questões como o significado e sentido da vida, e não se limitando a qualquer tipo específico de crença ou prática religiosa". Estas autoras ainda relacionam a espiritualidade com a dimensão humana ao compreendê-la "como o encontro e sentimento de ligação com todas as coisas" (Oliveira; Junges, 2012, p. 469, 471). Outros estudos ainda apontam que, quanto maior o envolvimento do indivíduo com fatores da espiritualidade, mais o nível de proteção para o indivíduo, com preservação da sua saúde física e mental.

Ainda de acordo com Murakami e Campos (2012), a espiritualidade oferece ao indivíduo a possibilidade de ele ter uma vida melhor, com mais qualidade, bem-estar e longevidade. Para estes autores, quando nos conectamos com o transcendente, tal fato se torna "capaz de interferir favoravelmente em uma situação concreta de vida e, especialmente, no caso do adoecimento mental, no curso da doença e nos seus efeitos na vida cotidiana" (Muramaki; Campos, 2012, p. 363).

Tais autores acrescentam que a religiosidade ou a espiritualidade são elementos que constituem a subjetividade humana, dão significado às nossas vivências e experiências, colaborando ainda com o pensamento de Oliveira e Pinto (2018), os quais enfatizam que o sujeito precisa ser compreendido como um todo, em seus aspectos biopsicossocial e espiritual.

Importante lembrar ainda que a saúde mental representa um equilíbrio entre vários fatores: comportamental, cognitivo, afetivo, biológico e espiritual. Teóricos como Dias e Pais-Ribeiro (2018), Zenevicz, Moriguchi e Madureira (2013) destacam a influência dos aspectos positivos da espiritualidade sobre a saúde mental, como: redução da ansiedade, suporte emocional pelo sentimento de acolhimento e de integração ao grupo, além do aumento do bem-estar físico e psicológico.

Religiosidade/espiritualidade, envelhecimento e impactos na saúde mental

Uma das maiores conquistas da humanidade no século XXI foi o aumento da longevidade. No Brasil, dados da Organização Mundial da Saúde apontam ainda para um aumento da faixa média de expectativa de vida, dos atuais 66 anos para 74 anos em 2025.

A possibilidade de o homem prolongar seus anos de vida gera várias oportunidades, no sentido de ele poder refletir mais sobre suas perspectivas de futuro e até tentar modificar sua trajetória de vida, considerando seus objetivos, padrões socioculturais e ambientais, priorizando, assim, alguns aspectos e outros não.

Baltes e Carstensen (1996) afirmam que, neste momento da vida, os indivíduos tendem a direcionar os seus recursos emocionais dando prioridade aos que acreditam ser mais relevantes. Em geral, tais aspectos estão relacionados ao estabelecimento de relações interpessoais, manutenção da saúde e bem-estar emocional.

Para Figueiredo (2007), o envelhecimento é um processo natural, universal e gradual, tendo um caráter irreversível no que diz respeito às alterações e às transformações inerentes à passagem do tempo. Esta autora acrescenta que este fenômeno está associado aos aspectos internos ou relacionados ao crescimento, como também aos aspectos externos e ligados ao estilo de vida, à educação e ao ambiente no qual o indivíduo está inserido.

Para Almeida (2014), todo organismo vivo vai envelhecer e apresentar declínio das suas funcionalidades, porém nem todas irão envelhecer da mesma forma e ao mesmo ritmo. Vale ressaltar que esta é a última fase do processo de desenvolvimento humano e se caracteriza por mudanças progressivas da estrutura biológica, psicológica e social que vão ocorrer ao longo da vida (Portugal, 2004).

Em que pese o contexto sociocultural da pós-modernidade, os avanços da ciência nesse campo de estudo da saúde, incentivando que as pessoas tenham um envelhecimento ativo e tenham sua funcionalidade preservada, ainda é comum a associação do envelhecimento à crise de identidade, à redução de auto estima, à dificuldade de adaptar-se a novos papéis e ao surgimento de doenças incapacitantes (Barros, 2010), situações essas que podem remeter a uma situação de desamparo e fragilidade existencial (Giddens, 2002).

Figueiredo afirma: "a doença crônica é uma das maiores causas de incapacidade, significando a perda da independência e muitas vezes da própria autonomia" (Figueiredo, 2007, p. 64). Mesmo que o envelhecimento não esteja ligado à ideia de adoecimento, a própria longevidade gera a possibilidade do indivíduo de adquirir uma doença crônica e/ou degenerativa. Esta autora ainda ressalta que esta condição pode incapacitar o indivíduo e torná-lo dependente, vindo a interferir em sua autoestima, afetar seu autocontrole, prejudicar sua autossuficiência e afetar diretamente sua qualidade de vida (Machado, 2012).

Sobre esta questão, Foucault (1978) questiona o poder das instituições sobre as pessoas, seja no campo da saúde, da proteção ou no campo social, pois afirma que os critérios do que seja saudável ou adoecimento são definidos socialmente, impondo ao indivíduo uma suposta "verdade" que deve ser reconhecida pelo conjunto social, estando então submetido ao julgamento da maioria.

Ainda para Foucault, a ideia de saúde integral (física e mental), no contexto social, prioriza a doença ao não considerar a subjetividade do sujeito, já que este tem o direito de pensar de forma diferente do outro e, assim, de poder estabelecer critérios do que considera "normal" dentro de um mesmo conjunto social.

Diferentemente, para Dejours "saúde é ter meios de traçar um caminho pessoal e original em direção ao bem estar físico, psíquico e social" (Dejours, 1992, p. 67). Na sociedade, é possível encontrar registros de manifestações de sofrimento mental das pessoas como fruto da interação do processo de subjetivação e da expressão de nossas experiências no mundo; por exemplo, muitos "estados internos" são manifestados através do nosso corpo, como: raiva, ansiedade, desânimo etc. Deste modo, a vida em sociedade possibilita a convivência com o sofrimento, com conflitos e suas diferentes formas de resolução ou canalização.

Para Ricoeur (1992), a questão do sofrimento está "revestida de uma dimensão ética e filosófica, desde que encontram, no mesmo afeto, a possibilidade do sofrer, suportado, ou mesmo infligido a outrem, e uma demanda por sentido" (Ricoeur, 1992, p. 10); sendo assim, para este teórico, o sofrimento gera questionamentos que atribuem sentido às experiências do indivíduo.

Pesquisas sobre religiosidade/espiritualidade e saúde

Durante muito tempo, o domínio da racionalidade pura impediu a relação entre ciência e espiritualidade. Atualmente "A OMS já inclui R/E (religiosidade/ espiritualidade) como uma dimensão da qualidade de vida" (Almeida; Lourenço, 2008, p. 6), possibilitando, assim, a aceitação de diagnósticos envolvendo a espiritualidade, haja vista que

> O manual diagnóstico e estatístico de transtornos mentais – 4ª edição (DSM- IV) introduziu uma nova categoria chamada 'Problemas Religiosos ou Espirituais' para direcionar a atenção clínica, justificando a avaliação de experiências religiosas e espirituais como parte constituinte da investigação psiquiátrica sem necessariamente julgá-las como psicopatológicas. (Almeida; Lourenço, 2008, p. 2).

Atualmente a Association of American Medical Colleges defende o posicionamento de que um atendimento humanizado em saúde integral é fundamental para a formação dos alunos de medicina, pois consideram que hoje em dia a espiritualidade, as crenças e experiências culturais dos pacientes são importantes para sua saúde e bem-estar. Acreditam que tais práticas devem ser consideradas desde a formação acadêmica dos alunos, para que possam integrar o manejo dos cuidos com tais pacientes (Puchalski, 2001 *apud* Reginato; Benedetto; Galian, 2016).

Outros autores abordam a importância da humanização na saúde, ressaltando que, no cuidado integral e mais individualizado, a questão da espiritualidade e religiosidade constitui princípios éticos fundamentais que devem ser respeitados (Gomes; Bezerra, 2020), pois a racionalidade científica, muitas das vezes, interfere no fluxo da experiência espiritual, considerando-se que atualmente as pessoas sentem necessidade de afeto, de ligação com outras pessoas ou outras formas de vivenciar suas experiências e subjetividade.

Vivemos período de incertezas com relação aos paradigmas da ciência. Trata-se de um processo que, recentemente evidenciam uma revolução no campo do conhecimento científico, principalmente na área da saúde. Com a rápida disseminação da Covid-19 e o enfrentamento de uma pandemia, urge a necessidade de realização de novas pesquisas que possam combater esse mal. Tal estado de emergência na saúde pública comprometeu o bem-estar físico e emocional das pessoas, prejudicando sua saúde física e mental, ocasionando sobrecarga aos profissionais de saúde. Dentro desse contexto, os serviços de saúde sofreram um colapso, o que afetou principalmente a população mais vulnerável, as pessoas portadoras de patologias crônicas e, em especial, as doenças relacionadas ao processo de envelhecimento.

Estudos recentes têm revelado o impacto negativo que a pandemia causou na saúde física e mental dos idosos, afetando principalmente a vida social das pessoas. As pesquisas têm demonstrado que o medo da contaminação, o isolamento social, as consequências sociais e econômicas geraram dificuldades de adaptação a esse ambiente de insegurança. Mediante tal situação, houve um aumento significativo dos quadros de estresse, ansiedade e depressão; então, como forma de enfrentamento dessa realidade, muitas pesquisas apontam que a busca da religiosidade/espiritualidade, através da fé em Deus, está correlacionada à redução da sintomatologia, que afeta principalmente a saúde mental do idoso, especialmente para aqueles que valorizam tais questões.

A médica que dirige o Instituto George Washington para Espiritualidade e Saúde (GWISH), da Universidade George Washington, Christina Puchalski, vem desde 1996 realizando pesquisas nesta área, introduzindo a dimensão espiritual no tratamento dos pacientes; segundo ela, "é preciso adotar a prática espiritual que esteja em harmonia com as crenças de cada um, que vai contribuir para o tratamento" (Puchalski, 2001, p. 353). O objetivo da pesquisa é identificar os valores e crenças que são importantes para os sujeitos, buscando evidências da forma como tais elementos agem, influenciando a saúde mental destes.

Harold Koenig, psiquiatra americano da Universidade Duke, também constatou que "o pensamento positivo, a meditação e a oração não afetam só a mente, mas o organismo como um todo" (Koenig, 2005, p. 91). Ele acrescenta que tais práticas se tornaram mais eficazes durante o período da pandemia. Ele afirma ainda que o médico deve ter o cuidado de avaliar a dimensão de cada paciente para poder integrá-lo ao tratamento. Sendo assim, observamos que existe um movimento da ciência contemporânea na direção da espiritualidade (Tyler; Raynor, 2006).

Espiritualidade, saúde e a ética do diálogo e do encontro

Nossa compreensão sobre a espiritualidade está relacionada a uma experiência de encontro entre as pessoas, com o cosmos, com o transcendente e, principalmente, com nós mesmos, em que o indivíduo se permite afetar por outras pessoas e pelos acontecimentos de uma maneira única, muito especial, na busca de um verdadeiro sentido existencial, de um sentido para a vida. Portanto, a espiritualidade está fundamentada pela dimensão experiencial, enquanto a religião se baseia no aspecto doutrinário.

No dizer de Boff, a espiritualidade refere-se a essa experiência de contato com algo que transcende as realidades normais da vida. Significa experimentar uma força interior que supera as próprias capacidades (Boff, 2006).

Um ponto a ser destacado sobre a questão da espiritualidade é sua importância para a preservação da saúde mental e da qualidade de vida das pessoas, influenciando, principalmente, a qualidade das relações interpessoais, colaborando para a manutenção de um ambiente saudável mediado pelo encontro e diálogo como fundamento de uma ética do inter-humano; nesse sentido, abordaremos aqui Buber e Lévinas, os quais conseguiram estabelecer um diálogo que foi decisivo para a construção de uma linguagem intersubjetiva e que tem por finalidade alcançar o transcendente.

A atualidade da teoria buberiana está em refletir sobre as questões relativas ao homem e ao contexto em que este está inserido, tentando estabelecer um diálogo sobre nossa forma de estar com as outras pessoas no mundo, ou seja, refletindo sobre nossas interações.

Buber afirma: "O Eu não passa de uma abstração. Ele só é na relação [...] o Eu torna-se real, atual, quando adentra na esfera do nós". O homem torna-se o Eu na relação com o Tu. Assim, "toda relação é reciprocidade" (Buber, 1974, p. 9).

No pensamento buberiano, esta é a verdadeira postura ética do mundo do diálogo, o qual expressa uma relação autêntica com o outro. Aqui, no dizer de Buber, ocorre uma reciprocidade baseada na autenticidade do diálogo.

> Onde a conversação se realiza em sua essência, entre parceiros que verdadeiramente voltaram-se um para o outro, que se expressa com franqueza e que estão livres de toda vontade de parecer, produz-se uma memorável e comum fecundidade que não é encontrada em nenhum outro lugar. (Buber, 1982, p. 155).

Tal postura é contrária a outra forma de existir no mundo, a atitude "Eu-Isso", a qual pressupõe o estabelecimento de uma relação instrumental, onde o "ter" e o "parecer" se sobrepõem ao "ser".

Considerando a reflexão sobre a religiosidade/espiritualidade, quando esta se refere apenas aos rituais e dogmas institucionalizados, do tipo Eu-Isso, ela pode ser caracterizada como uma relação instrumentalizada, mas se a relação pressupõe um sentimento de profunda comunhão com o ser, numa atitude de totalidade na relação com o outro, então trata-se de uma relação com vinculação Eu-Tu.

A proposta filosófica de Buber direciona-se para a saída do homem de si mesmo, da posição do egótico, onde, através do encontro e do diálogo com o outro, poderemos atingir sua alteridade, alcançando, assim, a questão central da ética buberiana, que é a ética da alteridade. Na concepção de Buber, os problemas sociais têm sua origem na alma do indivíduo, ou seja, em sua interioridade; assim, para ele: "A problemática exterior da vida aponta para seu interior". Ele afirma ainda que "as linhas de todas as relações, se prolongadas, entrecruzam-se no Tu Eterno" (Buber, 1974, p. 30), ou seja, na busca do absoluto, do transcendente.

Vale ressaltar aqui que, no texto *Eclipse de Deus*, Buber (1995) estende essa categoria da relação Eu-Tu até a religiosidade, na qual Deus se converte no Tu do homem. Ele ainda chama atenção para o mistério da relação com o Tu Eterno, o mistério de nossa existência; "Deus quer chegar ao mundo, mas Ele quer chegar a ele através do homem" (Buber, 1995, p. 55-63).

Sendo assim, podemos compreender que Buber não concebe o mundo dividido, pois, segundo ele: "O homem é criado para isso, unificar os dois mundos" (Buber, 1995, p. 55-63). Acreditamos, assim, que este é o grande desafio da ética dialógica buberiana, na pós-modernidade: a construção de uma ética que reunifique o encontro com o outro e com o Tu Eterno, reconciliando o diálogo e a subjetividade humana.

Outro teórico importante para a compreensão do tema da religiosidade/espiritualidade é Emmanuel Lévinas, pois, apesar de este não abordar Deus de forma ontológica, mas a significância do termo em sua teoria, emerge na experiência através da relação face a face com o outrem, a partir das relações humanas. Para esse autor, as relações éticas não se fundamentam através do conhecimento de um ser superior, mas ele acredita que Deus só pode ser tematizado no contexto ético da responsabilidade pelo próximo. Sendo assim, de acordo com esse autor:

> Eu não queria definir nada por Deus, porque é o humano que eu conheço. É Deus que eu posso definir pelas relações humanas e não inversamente. A noção de Deus, -Deus o sabe, eu não me oponho a ela! Mas, quando eu devo dizer alguma coisa de Deus, é sempre a partir das relações humanas. (Lévinas, 2006, p. 110).

Para Lévinas, ética e teologia se fundamentam na experiência da alteridade: "A teologia começa no rosto do próximo" (Lévinas, 2006, p. 194). Assim, ele tematiza Deus a partir da concepção da nudez do rosto de outrem; para Lévinas, a filosofia do face a face mostra que o acolhimento do rosto do outro está relacionado à condição de encontro mesmo, sem considerar as condições do eu.

A ideia é que, quando nos relacionamos com alguém como rosto, não analisamos sua origem, classe social, cultura ou religião; devemos acolhê-lo igualmente em sua alteridade, sem preconceitos, estabelecendo, assim, o verdadeiro sentido da proximidade ética.

Lévinas considera a alteridade como a possibilidade do encontro entre o eu e o outro, como um movimento que permite o encontro ou a integração do eu com o diferente, onde o desejo e a doação se intercruzam e tornam possível a ruptura da totalidade, a saída do si mesmo, que se constitui em revelação do outro. Para ele, a revelação é a única alternativa para que se estabeleça uma relação com o outro não instrumentalizada, para que o eu assuma sua responsabilidade realizando uma revolução no face a face, permitindo, assim, o surgimento de uma sociedade mais justa, voltada para o "outro", onde o outro seja respeitado na sua "pluralidade" e "singularidade". Sendo assim, a relação com Deus ganha sentido a partir da relação com o rosto do outro.

As filosofias de Buber e Lévinas, em que ambos compartilharam uma mesma tradição cultural e religiosa, também apresentam pontos de convergência com relação à noção de "diálogo", para Buber, e de "encontro no face a face", para Lévinas; os quais representam conceitos mediadores de uma linguagem intersubjetiva e que, como tal, passam a atribuir significados às relações interpessoais, principalmente na forma como lidamos com a alteridade do outro. Tais teorias destacam para nós a importância de um ambiente saudável onde as relações interpessoais sejam valorizadas e mediadas pela possibilidade do estabelecimento de um diálogo que seja decisivo na construção de uma ética contemporânea.

Como foi mencionado anteriormente, a partir de 2019 a pandemia trouxe muitas mazelas para a sociedade, colocando à prova a ciência e nossas teorias, supostamente mais consistentes, ao expor nossas fragilidades em termos dos aspectos biopsicossocial e espiritual. Entretanto, para os idosos, ela expôs a face mais cruel da nossa racionalidade, como o abandono e a indiferença, pois nada machuca mais o indivíduo do que o fato de ele perceber que não tem valor para o outro. No Brasil, aliás, até autoridades se manifestaram publicamente dizendo que a Covid-19 era doença que só atingia "velho". Então esta forma de isolamento e estigmatização afetou fortemente a saúde integral da população acima de 60 anos, prejudicando principalmente suas relações sociais. Para fazer frente a esse cenário, houve um aumento significativo do número de pesquisas correlacionando espiritualidade e Covid-19 (PubMed, da National Library of Medicine dos Estados Unidos).

Revisitando os teóricos da Filosofia aqui abordados, é fundamental rememorar Buber quando afirma "A palavra princípio Eu-Tu fundamenta o mundo da relação", e ele acrescenta que o mundo da relação se realiza em três esferas; sendo uma delas a vida com os seres espirituais, em que ele considera a nossa relação com o TU Eterno (Buber, 1974, p. 6-7). Ainda sobre essa questão, Lévinas aponta que nossa racionalidade nos levou à "redução do outro" nas relações, priorizando o Eu como um conhecimento que não reconhece a alteridade do outro, ou seja, não reconhece a individualidade do outro.

Retomando a questão do idoso nesse contexto, podemos correlacionar que Buber se refere ao protagonismo do outro na relação de cuidado, em que o idoso precisa ser compreendido em suas demandas não só de assistência à saúde física, mas na saúde como um todo, principalmente nos aspectos psicossocial e espiritual. Lévinas também nos faz compreender que essa é uma forma de discriminação e exclusão do idoso do convívio social. Para este teórico, a alteridade deve estar fundamentada na responsabilidade infinita do Eu pelo outro (Lévinas, 1980, p. 26), ou seja, o idoso deve ser acolhido como pessoa, na sua integralidade na relação, e não como uma coisa que pode ser descartada, por não ter mais utilidade. A grande questão ética, considerando as ideias desses teóricos, é que os profissionais de assistência e saúde devem acolher a pessoa idosa de maneira integrada, não vendo apenas a doença, mas o que pode estar na origem dela, valorizando suas experiências passadas, suas crenças e valores, oferecendo o conforto necessário para assim poder aliviar suas dores.

Neste contexto, a dimensão da ética do diálogo e do encontro possibilita uma abertura para a dimensão da alteridade transcendente de um ser em relação à singularidade do outro, onde as relações interpessoais estão pautadas no respeito às particularidades e à subjetividade humana.

Com relação ao processo de abertura ao encontro e diálogo, Buber acrescenta que o verdadeiro diálogo só se realiza entre pessoas e que o movimento básico dialógico consiste em "voltar-se-para-o-outro", em dobra-se em si mesmo, que, entretanto, não representa o egoísmo do egótico, mas a admissão da existência do outro, da enorme alteridade do outro (Buber, 1982, p. 58).

Retomando a questão da ética na saúde, com relação aos cuidados prestados pelos profissionais dessa área, é importante destacá-la como origem da solidariedade, a qual se coloca na relação como um apelo ao rosto do semelhante que demanda saber se colocar no lugar do outro, pois o cuidado com o idoso de maneira integral exige uma abordagem humanizada envolvendo os aspectos biopsicossocial e espiritual.

Ainda sobre o mundo da relação dialógica, aí reside o cerne da ética buberiana, onde o Eu e o TU se entrecruzam no Tu Eterno e ultrapassam as questões das instituições formais, onde prevalece a relação Eu-Isso; vale aqui ressaltar que, neste tipo de relação, o idoso que não é acolhido de forma integral, em sua totalidade, é visto como um objeto.

Por outro lado, para o idoso em que a espiritualidade se apresenta como o sentido da própria vida, ela é compreendida como uma expressão do inter-humano. O encontro face a face, de acordo com Lévinas, será estimulado através de atitudes, emoções e comportamentos positivos na busca de um verdadeiro encontro na relação. Sendo assim, os profissionais de saúde devem estar atentos a crenças pessoais, tradições, valores e práticas, na forma como estas podem influenciar na cura das doenças, considerando que a espiritualidade contribui para a prevenção e auxílio na superação dos fatores que têm potencial para conduzir ao adoecimento físico e/ou psicológico.

Considerações finais

Em síntese, a partir deste estudo, foi possível fazer uma reflexão sobre as teorias de Buber e Lévinas em sua relação com a saúde e a espiritualidade voltada para a população idosa, considerando que a abordagem integral em saúde, principalmente no caso dos idosos, envolve múltiplos aspectos, como os biopsicossocioespirituais, os quais devem estar pautados por políticas de saúde fundamentadas numa ética que considere a responsabilidade, a alteridade e a importância da dimensão espiritual para os usuários dos serviços de saúde e cuidado, considerando a necessidade do acolhimento do Outro, ou seja, dos usuários de seus serviços. Dessa forma, os profissionais de saúde devem usar todo seu conhecimento profissional e ético para manter a saúde e o bem-estar da pessoa que necessita de cuidados.

Compreendemos ainda que a ética proposta por Buber e Lévinas promove uma reflexão sobre nossas relações intersubjetivas oferecendo algumas pistas que possam nos ajudar, através da ética do diálogo e do encontro, a resgatar o homem da crise de identidade que vivemos hoje em nossa sociedade, que sejamos capazes de sair de nossa individualidade e de acolher o Outro em sua alteridade, para então podermos resgatar nossa humanidade a partir de perspectiva do Outro. Sendo assim, tal encontro tem a probabilidade de acontecer, através das relações humanas, da transcendência, ou seja, da forma como nos relacionamos com a espiritualidade.

Referências

ALMEIDA, A. M. de. Revisão: a importância da saúde mental na qualidade de vida e sobrevida do portador de insuficiência renal crônica. **Jornal Brasileiro de Nefrologia**, [S. l], v. 25, n. 4, p. 50-133, 2014.

ALMEIDA, T.; LOURENÇO, M. L. Reflexões: conceitos, estereótipos e mitos acerca da velhice. **Revista Brasileira de Ciências do Envelhecimento Humano**, [*S. l*], v. 6, n. 2, p. 233- 244, maio/ago. 2008.

BALTES, M.; CARSTENSEN, L. The process of successfull ageing. **Ageing and Society**, [*S. l*], v. 16, p. 397-422, 1996.

BARROS, O. **Psicologia do envelhecimento e do idoso**. Porto: Livpsi, 2010.

BOFF, L. **Virtudes para um mundo possível**: convivência, respeito e tolerância. Petrópolis: Vozes, 2006. v. 2.

BUBER, M. **Do diálogo e do dialógico**. São Paulo: Perspectiva, 1982.

BUBER, M. **Eclipse de Deus**. México: Fondo de Cultura Económica, 1995.

BUBER, M. **Eu e tu**. São Paulo: Moraes, 1974.

DALGALARRONDO, P. **Religião, psicopatia e saúde mental**: do coletivo ao individual, do fenômeno sociocultural à experiência psicopatológica. Porto Alegre: Artmed, 2008.

DEJOURS, C. **A loucura do trabalho**: estudo de psicopatologia do trabalho. São Paulo: Cortez-Oboré, 1992.

DIAS, E. N.; PAIS-RIBEIRO, J. L. Espiritualidade e qualidade de vida de pessoas idosas: um estudo relacional. **Psicologia, Saúde & Doença**, Lisboa, v. 19, n. 3, p. 591-604, dez. 2018.

FIGUEIREDO, D. **Cuidadores familiares ao idoso dependente**. Lisboa: Climepsi, 2007.

FOUCAULT, M. **História da loucura na idade clássica**. São Paulo: Perspectiva, 1978.

GIDDENS, A. **Modernidade e identidade**. Rio de Janeiro: Zahar, 2002.

GOMES, E. T.; BEZERRA, S. M. S. Espiritualidade, integridade, humanização e transformação paradigmática no campo da saúde no Brasil. **Revista Enfermagem Digital, Cuidado e Promoção da Saúde**, [*S. l*], p. 65, jan./jun. 2020.

KOENING, H. G. Espiritualidade no cuidado com o paciente. São Paulo, Fé Editora jornalística, 2005.

LANCETTI, A.; AMARANTE, P. Saúde mental e saúde coletiva. *In*: CAMPOS, G. S. *et al.* **Tratado de saúde coletiva**. Rio de Janeiro: Hucitec; Fiocruz, 2006. p. 615-634. (Saúde em debate, 170).

LÉVINAS, E. **Entre nós**: ensaios sobre a alteridade. Petrópolis: Edições 70, 2006.

LÉVINAS, E. **Totalidade e infinito**. Lisboa: Edições 70, 1980.

MACHADO, S. C. G. **Avaliação da sobrecarga do cuidador informal no desempenho de suas funções à pessoa idosa dependente, no conselho de Santana**. 2012. Dissertação (Mestrado em Competência da Tecnologia da Saúde) – Universidade da Madeira, Funchal, 2012.

MURAKAMI, R. F.; CAMPOS, C. G. Religião e saúde mental: desafio de integrar a religiosidade ao cuidado com o paciente. **Revista Brasileira de Enfermagem**, Brasília, v. 6, n. 5, p. 361-367, abr. 2012.

OLIVEIRA, F. A.; PINTO, A. R. Psiquiatria e espiritualidade: em busca da formulação biopsicosocioespiritual do caso. **H U Rev.**, Juiz de Fora, v. 44, n. 4, p. 447-454, nov. 2018.

OLIVEIRA, M. R.; JUNGES, J. R. Saúde Mental e espiritualidade/religiosidade: a visão dos psicólogos. **Estudos de Psicologia**, Porto Alegre, v. 17, n. 3, p. 469-476, dez. 2012.

PAIVA, M. A.; DIAS, L. F. P. O discurso sobre Deus na filosofia de Emmanuel Levinas. **Argumentos**, Fortaleza, ano 8, n. 15, jan./jun. 2016.

PANZINI, R. G.; BANDEIRA, D. R. Revisão da literatura Coping (enfrentamento) religioso/espiritual. **Revista de Psiquiatria Clínica**, [*S. l*], v. 34, n. 1, p. 126-135, 2005. Disponível em: http:\\www.scielo.br\pdf\rpc\v34sl\a16v34sl.pdf. Acesso em: 19 ago. 2022.

PORTUGAL. Ministério da Saúde. **Programa nacional para a saúde das pessoas idosas**. Lisboa: Ministério da Saúde, 2004.

PUCHALSKI, C. M. The role of spirituality in health care. BUMC Proceedings, Waco, v. 14, n. 4, p. 352-357, 2001.

REGINATO, V.; DE BENEDETTO, M. A. C.; GALIAN, D. M. C. Espiritualidade e saúde: uma experiência na graduação em medicina e enfermagem. **Trab. Educ. Saúde**, [*S. l*], v. 14, n. 1, p. 237-255, jan./abr. 2016. DOI: 10.1590\1981-7746-sip00100

RICOEUR, P. **O sofrimento** não é a dor. Comunicação feita ao colóquio organizado pela Associação Francesa de Psiquiatria em Brest, jan. 1992. Número especial, p. 1-11. Disponível em: http://www.uc.pt\fluc\uidief\textos_ricoeur\o_sofrimento_nao_e_a_dor. Acesso em: maio 2019.

TYLER, L. D.; RAYNOR, J. R. Spirituality in the natural science and nursing: interdisciplinar perspective. **ABNFJ**, [*S. l*], v. 17, n. 2, p. 63-66, 2006.

VOLCAN, S.; MARI, L. Relação entre bem-estar espiritual transtornos psiquiátricos menores: estudo transversal. *In*: DE OLIVEIRA, Márcia Regina; JUNGES, José Roque (org.). **Saúde mental e espiritualidade\religiosidade**: a visão de psicólogos. Natal: UFRN, 2003. p. 469-476.

ZENEVICZ, L.; MORIGUCHI, Y.; MADUREIRA, V. F. A religiosidade no processo de viver envelhecendo. **Rev. da Escola de Enfermagem da USP**, São Paulo, v. 47, n. 2, p. 433-439, abr. 2013.

POR UMA EDUCAÇÃO SEM SOMBRAS: DA INCERTEZA E DO MEDO RENASCE A ESPERANÇA

Rildo Ferreira da Costa

Introdução

A história mais recente da humanidade vivenciou o fenômeno mais letal que o mundo presenciou nas últimas décadas: a pandemia de Covid-19. Essa "praga" afetou todas as dimensões da existência humana, com uma ação devastadora sobre a vida, o que resultou na dizimação de milhares de pessoas, que sucumbiram diante do potencial mortífero do coronavírus e da impotência científica inicial do homem, mas também pela postura negacionista e indiferente de alguns, inclusive lideranças políticas, no enfrentamento desse "monstro" devorador de vidas humanas.

Porém, deve-se ressaltar que, nesse cenário de destruição da vida humana, uma das situações mais graves revelou-se na destruição da consciência, da fé, do amor e da perspectiva de esperança, pela ação de algumas lideranças que, por meio de uma política edificada na mentira (*fake news*), violência e desprezo pela vida, provocaram um quadro negacionista da ciência, múltiplas formas de violência e abertura para o mal, fomentando nos homens um espírito de "Auschwitz" marcado por uma profunda sensação de impotência e Aviltamento, no sentido marceliano. As pessoas marcadas pela perda e percepção do humano, do mundo e da esperança, sob orientação de uma ética da destruição e banalização da vida, introjetando na consciência da vítima a descrença em seu próprio valor. "É preciso que aquele que nada vale, reconheça a nulidade própria" (Marcel, 2001, p. 48).

Esse quadro sombrio que se abateu sobre a humanidade afetou profundamente a Educação, que, para além da perda de direção e desterritorialização do presencial para o formato on-line, entrou num campo de descaso, obscuridade, sob os auspícios da mentira, desumanização e distanciamento de uma ética inter-humana, tornando-se abjeta, nas ações e políticas de governantes de espírito "neofascista". O seu desprezo por uma formação humana, cidadã, plural e democrática lançou a educação num campo de violência e barbárie, "remetendo à perda de percepção do transcendente e à perda de diálogo com a palavra original" (Mendonça, 2009, p. 50).

No Brasil, esse cenário tenebroso, no período de 2018-2022, foi fomentado por um grande movimento do poder público, que, por meio de políticas públicas unilaterais e uso intenso de redes sociais, sob forte influência do espírito fascista, construiu, pela mentira e pela violência, um cenário de medo, desesperança e um profundo vazio de sentido no âmbito educacional brasileiro.

Não obstante esse vazio que se formou na essência da educação brasileira, não podemos perder de vista a esperança de que uma luz no fundo do túnel nos aponte a abertura de uma "janela" por onde possamos encontrar o inesperado, na perspectiva marceliana, no campo "entre a Dor e a Esperança" por onde caminhamos (Mendonça, 2009).

Em face dessas reflexões, surgiram algumas inquietações que fustigaram minhas elucubrações intelectuais, levando à construção deste estudo, cujo objetivo consiste em conhecer os desafios e possibilidades para a reconstrução de um pensamento educacional orientado pela ética, liberdade, esperança e a promoção do encontro do Eu com o Outro pela experiência educativa, após o período sombrio que se abateu sobre o âmbito educacional nos últimos quatro anos (2018-2022).

No presente artigo, buscamos evidenciar a relevância da construção de reflexões acerca da temática em foco, como uma pequena provocação, a fim de que não percamos de vista o período sombrio de "nuvens negras" que pairaram sobre a educação, educadores, educandos e toda a sociedade brasileira nos últimos quatro anos referidos. Desse modo, buscaremos ficar sempre atentos aos discursos de auspícios fascistas orientados pela mentira e pela violência, e que possam nos projetar na direção de territórios pantanosos e destrutivos da vida e da ética inter-humana.

O contexto brasileiro e os novos rumos da educação no Brasil (2018-2022)

No contexto em foco, a educação brasileira sofreu um profundo processo de dilaceração em seu sentido e objetivo, sendo desviada de seu papel socializante e inter-humano, perdendo de vista valores humanizantes como o diálogo, a alteridade e a esperança, que são valores que promovem o encontro do Eu com o Outro e com nossa condição humana.

Nesse contexto, evidenciamos também os impactos que a pandemia da Covid-19 trouxe para a vida das pessoas. A pandemia do coronavírus 2019 gerou uma crise de saúde, social, mental e econômica, a qual desencadeou uma série de problemáticas psicossociais. Por ser um vírus com altas taxas de mortalidade e facilidade de propagação, gerou-se uma sobrecarga nos sistemas de saúde em nível mundial; somados a isso, a insegurança e o medo relacionado ao contágio e à mortalidade, modificações nas relações interpessoais devido às medidas de controle, os impactos econômicos que afetam o cotidiano das pessoas, sem que "O Estado brasileiro (governo de Jair Bolsonaro) manifestasse esforços em apresentar uma resposta coordenada em relação à forma de se reduzir o contágio e tratar as pessoas doentes" (Barbosa; Machado; Miranda, 2021, p. 1).

No âmbito educacional, essa pandemia impactou de modo muito decisivo o âmbito da educação, visto que provocou um redirecionamento nas atividades pedagógicas e docentes, sob argumento de que nenhum aluno deveria ficar sem educação. Por exigência de protocolos sanitários, como uma das estratégias de enfrentamento da pandemia, todas as instituições educacionais pelo mundo fecharam o funcionamento presencial da educação em seus espaços físicos, sendo as atividades educativas substituídas pelo formato on-line.

Todavia, educadores, educandos e a estrutura de muitas escolas, sobretudo da esfera pública, mostravam-se inadequados para a proposta de um ensino on-line, o que deixava evidenciar uma fragilidade que poderia comprometer a qualidade do processo ensino-aprendizagem no formato on-line.

Ressaltamos também que as condições impostas por essa pandemia contribuíram para fortalecer os projetos políticos antidemocráticos engendrados pelo governo ora institucionalizado no país. Em face do cenário pandêmico da Covid-19, o governo, visando tirar proveito, para seu projeto autoritário, do cenário de barbárie em que estava o mundo e o nosso país, não só assumiu declaradamente uma política negacionista da ciência e da educação, como determinou cortes significativos nas verbas destinadas a educação e pesquisa no país, prejudicando as atividades dessas instituições, da pesquisa científica e da formação educacional de nossa sociedade.

No Brasil de então, instalou-se a partir de 2018 uma estrutura de poder, capitaneada por Jair Messias Bolsonaro, como presidente da República, de bandeira política conservadora e de extrema direita, apoiado por seguidores que defendiam, sob inspiração de princípios neofascistas pregados pelo seu "chefe" Bolsonaro, ações antidemocráticas, como golpe de Estado, desrespeito à Constituição federal e um desmonte institucional, cujo ápice seria a institucionalização de uma ditadura extrema-direitista e neofascista no país, que foi interrompida pela vitória eleitoral da democracia em novembro de 2022.

> O termo "fascismo" pode ser utilizado no sentido amplo, como ideário antidemocrático, e em sentido mais estrito, com características mais específicas, como o ideário reacionário, totalitário, de Estado máximo, com a defesa de um militarismo sem críticas, armamentismo, guerra ao inimigo interno e externo, ataque à política e aos políticos, ataque às instituições democráticas, como os Parlamentos, o Poder Judiciário e à imprensa. (Violin, 2022, p. 35).

De acordo com Frigotto (2021), esse projeto de poder sustentava-se na "mão repressiva e armada do Estado", que estava sempre de prontidão para reagir diante de qualquer manifestação que colocasse em risco as pretensões antidemocráticas e neofascistas do "bolsonarismo"[5]. Em nome da moral e dos valores familiares, os falsos discursos e ações insanas desse governo caminhavam por um forte

> [...] fundamentalismo religioso, que potencializava a insanidade política, pelo combate ao que denominavam de ideologia de gênero e pelo combate à educação e à ciência laica, por serem entendidas como disseminadora do mal. (Frigotto, 2021, p. 121).

Desse modo, o então projeto de poder "bolsonarista" desenvolveu, sob orientação de um discurso marcado por um profundo proselitismo, uma política de expansão do fundamentalismo religioso, com a finalidade de impor à Educação e à Ciência uma condição subordinada à crença e ao superficialismo, a fim de desenvolver valores morais subjetivos que adquirissem a consciência coletiva, na condição de valores universais.

---

[5] Especificamente sobre o tema, Marcos Nobre (2020) argumenta que o bolsonarismo, em última instância, é um projeto autoritário, empreitada de um grupo político que investe contra a democracia. Encontram-se nessa análise ecos da obra *Como as democracias morrem* (Levitsky; Ziblatt, 2018), que contém argumentação sobre a difusão mundial de grupos políticos de viés autoritário os quais têm conseguido assumir espaços eleitorais significativos e lentamente solapado as bases institucionais da democracia liberal, tais como a liberdade de imprensa, a confiança no conhecimento científico e a credibilidade do sistema judiciário.

A "mão visível" do poder: o "cancelamento" da condição humana pela experiência educativa

O contexto da ascensão da ultradireita no Brasil, que está em foco neste artigo evidenciou, no caso particular da educação, que é a centralidade em proposição, tentativas ultradireitistas e neofascistas de transformar o âmbito educacional em um campo de formação retrógrada de arautos de um poder autoritário e antidemocrático, com características fascistas e lembrando com muita clareza os instrumentos da ditadura, que foram tão dolorosas para a sociedade brasileira entre os anos de 1964-1985.

É nesse contexto que me refiro ao governo de Jair Bolsonaro como uma estrutura sistematizada e edificada pela mentira e pelas jogatinas políticas, semelhante a uma "mão visível" se movimentando em todas as instâncias do poder para colocar em prática suas pretensões golpistas, por meio de uma política educacional voltada para o desmonte das instituições democráticas, fazendo da educação um instrumento de reprodução dos interesses bolsonaristas.

O bolsonarismo foi marcado por uma política de destruição das estruturas educacionais existentes, sob argumento de que os modelos de então fomentavam aprendizagens inócuas e o desenvolvimento "maléfico" de ideologias de esquerda nas escolas e instituições de ensino superior. Por essa razão, os ministros nomeados pelo presidente Bolsonaro geralmente eram escolhidos por sua identificação com a esdrúxula mentalidade extrema-direitista e ultraconservadora do "chefe" do Executivo brasileiro. Em sua rede de mentiras, o presidente Bolsonaro estigmatizava as instituições de ensino como inimigas da pátria, na medida em que fariam "doutrinação ideológica" em seus alunos, formando militantes de esquerda (Frigotto, 2021).

As ações e os discursos de Bolsonaro buscavam a qualquer custo construir um imaginário de falsificação da realidade da educação no país, elaborando uma rede de mentiras que almejavam formar uma consciência coletiva em torno de seus seguidores. Empenhava-se, pela falsificação da verdade, em criar uma imagem da educação declinada na ideologia do autoritarismo, no cientificismo abjeto mercadológico e distanciado de uma dimensão ética inter-humana, que representasse o fio condutor de uma crença coletiva entre seus seguidores, mitificando suas ações, entrando em um campo de mentiras tomadas como verdades absolutas, tal como podemos constatar na reflexão a seguir:

> É nesse território, onde as imagens criadas pelos detentores do controle dos imaginários sociais se tornam realidade para todos, criadores e público alvo, que medram os mitos, ideologias e utopias políticas. Tomadas como verdadeiras tais imagens, são ao mesmo tempo falsificação e expressão da realidade social. (Mendonça, 2002, p. 223).

Essa prática do governo Bolsonaro, construída sobre a falsificação da verdade e a ideologia da mentira, muito contribuiu para introjetar, na mentalidade de parcela significativa da sociedade, a "verdade" de que a educação dominante até então se preocupava apenas em formar militantes de esquerda e que as escolas eram espaços inócuos sem nenhuma formação edificantes para os alunos, onde verdadeiras "balbúrdias" eram realizadas.

A estrutura de poder dominante, naquele contexto, coisificou a educação por meio de um formato on-line que lançou os professores em um campo desconhecido, como espécies de "alienígenas em Marte". Ou seja, com saberes muito limitados acerca de modernas tecnologias, sentindo-se inicialmente em um "barco à deriva", sem saber qual a direção a ser tomada pela educação.

A educação tomou uma direção predominantemente on-line, o que em curto prazo revelou profundas dificuldades para educadores e educandos, sobretudo na esfera pública, para realizar as atividades educativas. As instituições mantenedoras do âmbito educacional elaboraram protocolos que impunham às escolas o desenvolvimento de atividades pedagógico-docentes, no mais dos casos, no formato on-line, para "comprovar" o cumprimento das atividades curriculares e pseudoaprendizagens nas escolas de educação básica, nas instituições de ensino superior e em outras modalidades de ensino, no intuito de afirmar que o poder público estava desempenhando o seu papel educativo junto à sociedade.

Todavia, essa proposta de fazer educação evidenciou muitas limitações em professores que não possuíam as ferramentas tecnológicas necessárias, tampouco saberes técnicos mobilizados que os credenciassem à prática docente por meio de plataformas digitais. Eram alunas, alunos e familiares que também não possuíam recursos tecnológicos nem capacitação adequada para acompanharem as aulas com perspectivas de aprendizagens significativas, criando um cenário sombrio, que obnubilava o sentido da educação para a sociedade, formando-se, desse modo, um vazio de saber e sentido na educação brasileira.

Nesse vazio caótico que se formou, a "mão visível" do poder público constituído, sob personificação de Jair Bolsonaro, edificado em um amplo programa de mentiras e falsas informações (*fake news*), sustentadas por um espírito fascista, mobilizou-se, pelos vieses institucionais, para transformar a educação em um importante instrumento ideológico de fortalecimento do jogo político institucionalizado por uma estrutura de poder que caminhava também com um forte apelo moral e religioso, constituindo, de forma sutil e legitimada por grupos extremistas da sociedade, uma rede de forças políticas e ideológicas conservadoras, com a finalidade de impor à sociedade um projeto político neofascista que ganhasse dimensão coletiva, lançando as pessoas em um cenário letárgico de completo envilecimento, esmagador da crença em suas próprias vontades e potencialidades pessoais, como nos ensina o pensamento marceliano (Marcel, 2001).

A ideologia e o discurso do "bolsonarismo" alegavam que o modelo de ciência e educação dominantes nas instituições educacionais do país era degradante dos valores morais e familiares comprometidos com a decência, no sentido conservador, chegando, inclusive, à "balbúrdia", como disse um dos ministros da Educação desse governo. Nessa perspectiva de projeto de poder e sociedade, ciência e educação voltadas para a ética, cidadania e humanização, eram modelos que favoreciam o desenvolvimento de ideologias demonizadas, "comunistas e marxistas", que prejudicavam a formação dos jovens e os distanciavam de Deus e da Família.

Desse modo, para a execução e consolidação da referida estrutura de poder antidemocrática, para o "grupo" de Jair Bolsonaro, fazia-se necessário promover um desmanche da mentalidade democrática brasileira, construída em históricas lutas que remetem ao início dos anos 1980. Movimentos que mobilizaram amplos setores da sociedade brasileira em intensas lutas contra a ditadura militar (1964-1985), que desaguaram na promulgação da Constituição federal de 1988, institucionalizando o restabelecimento de uma sociedade democrática no Brasil (Brasil, 1988).

Esse governo demonizava o pensamento e o espírito democráticos que orientavam o discurso e as práticas da sociedade brasileira, chamando-os de comunistas. Nessa perspectiva, a violência e a mentira (*fake news*), sobretudo por redes sociais, se constituíram nos meios mais recorrentemente utilizados no processo de desmonte mental e institucional da democracia brasileira, a fim de trazer o país novamente para as sombras do mundo e do autoritarismo, e construir valores que no campo das ideias seriam transformados em universais e legitimariam a implantação de uma estrutura política neofascista no Brasil. Para essa pretensão, fazia-se urgente destruir o espírito crítico da sociedade pelo desmanche da educação e da ciência, principais campos fomentadores do pensamento crítico e democrático nas crianças, jovens e adultos da sociedade brasileira.

Para tal intencionalidade, as diretrizes elaboradas para a educação desviaram a experiência educativa, de uma ética inter-humana, voltada para uma formação cidadã, solidária, de alteridade e de caráter, como nos ensina Buber (2003), para uma proposta educacional técnico-racional, utilitária, mercadológica e ideológica, pela qual as escolas seriam sutilmente transformadas em "Auschwitz" da contemporaneidade, nas quais educadores e educandos, completamente envilecidos, deveriam construir uma educação voltada para o papel de expressão intelectual e ideológica capaz de formar espécies de "Homens do barraco" com um "Espírito de completa Abstração" (Marcel, 1956) e obediência, para abastecerem o mercado capitalista, bem como servirem como base de sustentação para o regime autoritário e fascista projetado para o Brasil por um líder egresso de setores defensores da ditadura militar e apoiado por um movimento de extrema direita, que ganhou grande amplitude com o nome de "bolsonarismo" e por um amplo programa de mentiras (*fake news*) nas redes sociais.

Esse movimento dispensa a educação, a ciência e a vida intelectual, concentrando-se num amplo discurso apelativo e emotivo de mobilização de massas, orientado pela evocação de conceitos vagos e ocos sobre Deus, Pátria e Família e orientado pela violência.

> A palavra "bolsonarismo" é usada como sinônimo de violência irracional e destruição psicopática, feita em nome de versículos bíblicos, mas sem nenhum sentido ético e humanitário. Já é utilizada também como um sinal vermelho de advertência sobre o limite a que pode chegar a humanidade quando perde o sentido ético da política e da história, e se joga contra tudo e contra todos, movida pelo ódio, medo e paranoia, transformando a religião num instrumento de vingança e destruição da possibilidade de convivência entre os homens. (Frigotto, 2021, p. 118).

A presente reflexão nos remete ao período de hegemonia bolsonarista no Brasil, profundamente marcado por uma política de violência e mentira contra qualquer manifestação contrária ao modelo de poder instituído. Ressaltamos que esse cenário, sustentado por um forte proselitismo religioso evidenciado em falsos discursos de "Deus, Pátria e Família", alcançou diversas dimensões da sociedade brasileira, inclusive o âmbito educacional, visando o desmonte das mentalidades democráticas.

Com essa perspectiva de destruição de mentalidade, medidas pontuais e reformas educacionais foram perpetradas, com algumas obtendo êxito e outras que não lograram sucesso, em face do espírito democrático, que ainda é muito forte na sociedade brasileira.

Nesse cenário de tentativa de desmonte da educação, de mudar a concepção e os fins da educação no Brasil, a política bolsonarista caminhava para um processo de cancelamento da condição humana no processo educativo, pois, em contraponto ao discurso oficial de que a educação democrática brasileira era fomentadora de "ideologias" de esquerda, as políticas públicas e as investidas do governo caminhavam a "galope" em direção de uma nova concepção de educação sustentada por uma visível composição ideológica conservadora e ultradireitista, cuja finalidade era destruir a capacidade "humana" de alunos e educadores, em seu sentido de pensar e tomar consciência de sua condição e de seu papel na sociedade, por meio da educação, como uma prática de liberdade (Freire, 1980).

Para construção dessa nova forma de pensar a educação e a escola, o poder público instituído desenvolveu discursos e práticas de fomento à implantação da "Escola sem Partido", uma instituição que teria por finalidade despolitizar, no sentido democrático e plural, a formação escolar dos alunos, dos professores e, por conseguinte, possibilitar a formação de uma sociedade acrítica.

Os defensores dessa proposta de escola e educação, geralmente vinculados à estrutura de poder dominante no país, empenhavam-se, por meio de mentiras em redes sociais (*fake news*) e uma forte campanha com discursos "pseudomoralizadores" orientados por preceitos religiosos, em divulgar para a sociedade uma escola cujo trabalho pedagógico-docente tinha como única finalidade realizar um processo de inculcação e doutrinação ideológica, que contribuía apenas para formar militantes de esquerda e comunistas. Com um discurso carregado por uma profusão de mentiras, essas campanhas alcançavam muitas famílias, que eram convencidas de que a escola precisava mudar. Deixar de ser um espaço também político, para voltar a ser um espaço meramente pedagógico, sem a preocupação de formar cidadãos críticos e reflexivos, tal como constatamos na reflexão a seguir:

O QUE É O ESCOLA SEM PARTIDO? Criado em 2004, com o objetivo manifesto de "dar visibilidade à instrumentalização do ensino para fins políticos, ideológicos e partidários", a organização Escola sem Partido se apresenta como um "movimento" e como "uma iniciativa conjunta de estudantes e pais preocupados com o grau de contaminação político-ideológica das escolas brasileiras, em todos os níveis: do ensino básico ao superior". Sua atuação tem como principal suporte um site que funciona como um meio de veiculação sistemática de ideias, de instrumentalização de denúncias e de disseminação de práticas e procedimentos de vigilância, controle e criminalização relativos ao que seus organizadores entendem como "práticas de doutrinação", que seriam identificáveis em aulas, livros didáticos, programas formativos ou outras atividades e materiais escolares e acadêmicos. (Algebaile, 2017, p. 64).

Essa concepção de escola, edificada na ausência do debate crítico, representa uma proposta de destruição da capacidade de pensar, que é uma das principais condições para o exercício de nossa humanidade. Desse modo, a implementação da referida proposta de escola e educação provocaria uma espécie de "cancelamento" da condição humana de educadores e educandos, com possíveis graves reverberações nas diversas formas de sociabilidades entre as pessoas.

Em face da ausência do debate e da criticidade, muito provavelmente educadores e educando teriam uma formação muito objetal e técnico-racional, o que poderia contribuir para fragilizar outros sentimentos que nos humanizam, como o diálogo, a escuta, a alteridade e a empatia, dificultando a construção de relações éticas inter-humanas, pois perder-se-ia a possibilidade de, por meio da educação, estabelecer um equilíbrio entre o material e o espiritual, como condição fundamental para despertar na sociedade a busca do "Ser com o Outro".

Essa aparência de barbárie que se instalou no âmbito da educação brasileira agudizou-se com práticas unilaterais e autoritárias do governo de então em promover o corte de liberação de verbas para a educação em função de outros setores de interesse do governo autoritário de Bolsonaro. Os fomentos financeiros para as políticas educacionais ficaram limitados, dificultando a implementação de políticas educacionais, o desenvolvimento da pesquisa, a formação de professores e, sobretudo, distanciando cada vez mais a concretização de uma educação plural e democrática na sociedade brasileira, em função de uma educação voltada para um projeto de poder autoritário e neofascista.

Essa concepção de educação evidencia a destruição da condição humana pelo instrumentalismo técnico da cotidianidade do homem, que se vê diante da impossibilidade de exercer a sua própria humanidade. Em todas as dimensões da existência, a vida humana é controlada cada vez mais pelo racionalismo instrumental, condicionando o homem a perder-se de si e de sua existência transcendente (Costa, 2020).

As escolas definharam cada vez mais, sobretudo em seu papel formativo de cidadãos, começando a caminhar para uma educação exclusivamente racional, cientificista, coisificada e dissociada de sentido para a vida.

Educação no "novo" Brasil: a esperança de uma educação com sentido para a vida

Refletir sobre educação como um fenômeno humanizador e reverter o cenário de uma educação abjeta construída pelas condições políticas e ideológicas dos últimos anos, delimitados neste artigo, significa dizer que se faz necessário a nós educadores um posicionamento firme no sentido de resgatar em nossas práticas valores que possibilitem aos educandos uma formação edificada na solidariedade, no diálogo e orientada por um forte sentimento de esperança.

Esse sentimento deve ser traduzido não apenas em uma perspectiva de formação técnica voltada para a inserção no mercado de trabalho, mas sobretudo por uma concepção de educação com um amálgama de valores incentivadores do compartilhamento ético inter-humano, que permitam a construção de relações intersubjetivas de alteridade entre as pessoas. Desse modo, buscamos vislumbrar na experiência educativa uma comunhão entre a condição humana e o saber científico, evidenciando "que a ação ética do educador em relação ao educando, proceda de modo a garantir que todo seu agir, se mostre a favor do humano e contra todo e qualquer tipo de abstração e/ou atitude aviltante" (Silva, 2014, p. 299). Assim, pensamos que é possível promover pela experiência educativa uma formação integral do homem numa perspectiva de mistério marceliano, que possibilite o encontro no sentido existencial do Ser com o Outro.

Pensar a educação nessa perspectiva significa desenvolver políticas e práticas educativas baseadas não apenas em pressupostos teóricos e pedagógicos voltados para uma formação técnico-científica, mas principalmente em uma "ação educativa provocadora do educando em sua interioridade [...] possibilitando uma experiência de encontro existencial do ser com o outro no mundo" (Costa, 2020, p. 335).

Esse modelo de educação é objeto de debate neste artigo, na medida em que o nosso país está tomando novas direções, sobretudo de ordem política e ética. A ideia de educação em construção no país era profundamente obnubilada por sombras autoritárias e neofascistas, edificadas no instrumentalismo técnico, mas sobretudo político, como uma estratégia de reprodução ideológica do projeto de poder bolsonarista.

Todavia, o pensamento educacional brasileiro começou a vislumbrar um novo horizonte a partir da campanha eleitoral presidencial de 2022. Em oposição ao projeto autoritário bolsonarista, foi lançada a candidatura de Luiz Inácio Lula da Silva (Lula) para Presidência da República, cuja vitória se concretizou em novembro do mesmo ano.

Em face das cores democráticas das quais se reveste a nova proposta política para o Brasil, renasceu na sociedade, sobretudo entre todos os que estão envolvidos e comprometidos com uma educação plural e democrática, a esperança de uma educação sem sombras, livre do medo e com esperança renovada por uma educação resgatadora de valores que nos humanizam, como o diálogo, a escuta, a alteridade, e orientada por uma ética inter-humana, pela qual seja possível fazer da experiência educativa um verdadeiro encontro existencial do Eu com o Outro no sentido buberiano. Essa experiência educativa requer uma educação que tenha um caráter dialógico entre educador e educando, a fim de que a experiência educativa produza sentido para a vida humana. A relação educadora, mais do que "in-for-madora", deve ser "puramente dialógica" (Buber, 1982, p. 18).

Esta é uma questão fulcral de nossas reflexões acerca da educação no Brasil atual. Não é o novo governo como um fim em si mesmo, mas o sentimento de liberdade e esperança que nos contagia neste novo cenário nacional que mobiliza o nosso ser diante de "novos tempos", em que possamos novamente pensar a educação como uma experiência existencial pela qual seja possível vivenciar o verdadeiro encontro dialógico buberiano. Em que as pessoas consigam promover o encontro do Eu com o Outro numa relação inter-humana orientada pela ética do olhar e da solidariedade em dimensão dialógica, escapando do exclusivismo do Eu-isso, que transforma a educação em um caminho genuinamente mercadológico, edificada predominantemente no instrumentalismo técnico, o que consequentemente dilui a possibilidade de a educação também ser um campo de contemplação de sacralidade humana do Eu e Tu.

Esse olhar mercadológico e político, no sentido de reprodução de interesses específicos unilaterais acerca da educação, destrói a possibilidade de a educação ser experienciada na perspectiva da comunhão, gerando a disputa e a competitividade, abrindo precedentes para a construção de ações declinadas pela racionalidade orientada genuinamente pelos fins, como nos ensina Weber (2014), pelas quais os fins a serem alcançados abjetamente sejam as condições fundamentais das ações humanas, sem a preocupação com a dimensão ética na relação com o outro. Cada um busca mobilizar saberes científicos, de forma subjetiva, que os coloquem à frente do outro, provocando a construção de relações interpessoais marcadas pela projeção da violência e da barbárie, distanciando o homem de relações intersubjetivas de alteridade.

Em contrapartida a essa perspectiva racional, Freire (1983), em sua concepção de educação libertadora, nos remete a uma visão educativa pela qual os homens devem por meio dessa experiência desenvolver o sentimento da comunhão, do diálogo e da confiança, onde uns aprendam com os outros, evidenciando sua condição de ser com o outro e estar no mundo em experiências éticas inter-humanas de encontro e libertação da essência humana. "Ninguém educa ninguém, como tampouco ninguém se educa a si mesmo: os homens se educam em comunhão, mediatizados pelo mundo" (Freire, 1983, p. 39).

É essa visão de mundo e de educação que estamos vislumbrando nos tempos hodiernos do Brasil. Uma educação sem medo e sem sombras, marcada pela confiança, esperança de que a experiência educativa possa resgatar o espírito da comunhão na sociedade brasileira, tão eclipsada nos tempos obscuros de bolsonarismo, onde reinavam a desunião, a mentira e o discurso de ódio entre as pessoas.

Contrapondo-nos a esse projeto autoritário, buscamos uma visão de educação marcada pela disponibilidade de um para o outro, pela qual o homem consiga exercer verdadeiramente a sua condição de Ser livre, e estabelecer um diálogo e uma experiência existencial que o conduza ao outro pelas exigências ontológicas da fraternidade, do amor e da esperança (Costa, 2020).

No novo contexto brasileiro, surge um horizonte com possibilidades de "união e reconstrução" que aponta para o sentido da vida, com um discurso de preocupação com o outro, sob orientação de um discurso assentado em uma ética humanizadora, que prega a redução das desigualdades, o resgate da autoestima, a superação do ódio e do medo, prenunciando a esperança de um mundo melhor, onde a comunhão e a alteridade sejam elementos fundantes nas relações intersubjetivas entre as pessoas, e que estas exercitem efetivamente essa condição de pessoa-sentido de Emmanuel Mounier, para quem "a pessoa só é gerada no indivíduo por meio de sua relação com o mundo e com o outro" (Parreira, 2016, p. 177).

A sociedade clama por um Brasil sem ódio, medo e mentira, tão utilizados no discurso bolsonarista, que aponte novos horizontes para a construção de um "homem" capaz de acreditar em si mesmo e consiga encontrar-se com o sentido de sua própria vida. É nessa perspectiva que a educação assume um papel fundamental, no sentido de promover a formação de homens "verdadeiramente humanos" que, pela experiência educativa, proporcionem o encontro dialógico do Eu com o Outro, em uma dimensão existencial.

Essa educação de caráter, como nos propõe Buber, é uma possibilidade de a sociedade brasileira encontrar-se com o seu sentido humano, apresentando políticas públicas voltadas não somente para uma formação mercadológica preocupada com a mobilização de saberes técnico-científicos, mas para a vida em seu sentido mais existencial e inter-humano, declinada também na paciência, na esperança e em relações solidárias, que promovam o acolhimento humano entre as pessoas. "O essencial é que seja uma relação real de ser humano a ser humano, uma relação que aquele que foi chamado experimente [o outro] na alma" (Buber, 1982, p. 16). É esta educação que queremos.

A educação que vislumbramos para a sociedade brasileira, nestes "novos tempos", não é apartada de nossas demandas racionais e científicas, mas que não seja edificada exclusivamente nesse campo. Nesta reflexão, debatemos uma visão de educação que nos proporcione também uma efetiva sensação e aproximação com nossa condição humana pela relação com o outro, que possibilite ver na experiência educativa o verdadeiro encontro inter-humano. "A função educadora deve inspirar confiança a respeito do mundo e mutualidade a partir da realidade presentificada entre Educador e educando. Ela deve assumir em si sua obra mais íntima, pois eis que à sua frente existe um ser humano" (Parreira, 2016, p. 177).

É este caminho de educação que nos propusemos a debater neste artigo. Refletir acerca de uma visão de educação que possa impregnar as políticas públicas e os discursos dentro do novo cenário ético-político que está se iniciando em nosso país. Não pregamos uma educação marcada pelo negacionismo técnico-científico, pelo contrário, queremos uma educação edificada no rigor científico das novas demandas que o mundo contemporâneo requer, mas sem perder de vista um pensamento educacional onde as relações entre ciência e a condição humana tenham unicidade. Uma educação na qual as relações inter-humanas sejam fios condutores da formação acadêmico-científica das pessoas, permitindo a construção de uma sociedade com vínculos e tessituras que perpassem o diálogo, a escuta, a alteridade, a solidariedade e a empatia, capazes de superar o medo, a mentira e o ódio que orientaram as relações em nossa sociedade nos últimos quatro anos (2018-2022).

Considerações finais

Neste artigo, propusemo-nos a debater a construção de um novo pensamento educacional em face dos rumos que a educação brasileira teria tomado nos últimos quatro anos em nosso país, a fim de refletir acerca de um olhar para a educação a partir de relações éticas inter-humanas como princípios basilares da experiência educativa no cenário que se descortina no Brasil. Um olhar que aponta para novas possiblidades de uma educação que possa promover a comunhão entre as pessoas, sobretudo pela implementação de uma orientação ideológica e políticas públicas educacionais que permitam articular conhecimento, ciência e condição humana, edificadas no diálogo, como fios condutores de uma educação e uma sociedade mais humanizada em nossa sociedade.

As reflexões que pudemos construir neste artigo apontaram para um cenário educacional que estava caminhando na direção de um campo de barbárie, sustentado por diretrizes estabelecidas pelo poder público de então (últimos quatro anos) que sinalizavam para um projeto de poder autoritário, no qual a educação seria uma das bases de sustentação ideológica deste projeto. Mostrava-se com propostas exclusivamente racionais e cientificistas por um lado, mas, por outro, esvaziadas de conteúdo ou sensações humanas.

Um projeto pelo qual talvez tivéssemos no futuro uma sociedade formada quase predominantemente por técnicos, sobretudo de nível médio, e profissionalmente mediocrizada em face das demandas complexas da alta tecnologia em desenvolvimento nas diversas dimensões da sociedade, mas essencialmente carente de pessoas, no sentido mais humano, como propõe Emmanuel Mounier, pois no referido projeto a formação do ser humano desapareceu, cedendo lugar a currículos de conteúdos sem pessoas, a serem implementados em instituições educacionais.

Por essa razão, fustigado pelas inquietações que contagiaram as minhas elucubrações intelectuais, coloquei-me diante da responsabilidade ética de escrever estas pequenas provocações. Não podemos nos eximir desse papel, pois temos um compromisso com as gerações futuras, no sentido de abrir "janelas" pelas quais consigam enxergar ferramentas humanas que lhes permitam viver verdadeiramente a vida, sob orientação de valores éticos que lhes possibilitem promover o encontro do Eu com o Outro, numa dimensão de contemplação mútua da sacralidade humana pelas vias de uma educação de Caráter, como nos ensina Buber, que aponta caminhos para o exercício de nossa humanidade pelo diálogo.

Não é uma caminhada fácil. É muito difícil, sobretudo diante de um mundo marcado pela profusão de pseudopossibilidades que nos atraem para a massificação de nossas consciências e um profundo espírito de abstração na sociedade contemporânea capitalista. Mas é possível. E, para tal, precisamos reencontrar a nossa essência humana para viver bem com o Outro em relações intersubjetivas de alteridade. Uma educação que busca promover o encontro com nossa humanidade ainda é um dos caminhos que podemos deixar como legado para as gerações futuras.

Faço uma pequena pausa nestas reflexões apresentando-as para outras que possam refinar esse meu olhar inicial. Sem a pretensão de indicar soluções para situações que ameaçam a nossa condição humana, penso que deixo mais problemas e inquietações que possam provocar novos e mais elaborados debates acerca da temática em foco, que requer com urgência a ampliação de novas investigações e novos olhares para a educação como um campo de formação humana.

Referências

ALGEBAILE, Eveline. Escola sem Partido: o que é, como age, para que serve. *In*: FRIGOTTO, G. (org.). **Escola "sem" Partido**: esfinge que ameaça a educação e a sociedade brasileira. Rio de Janeiro: Uerj; LPP, 2017. p. 49-62.

BARBOSA, Laise. M.; MACHADO, Daiane. M.; MIRANDA, João I. R. Contribuições para o debate sobre o bolsonarismo enquanto movimento político totalitário. **Publ. UEPG Appl. Soc. Sci.**, Ponta Grossa, v. 29, p. 1-14, e202117098, 2021. Disponível em: http://www.revistas2.uepg.br/index.php/sociais. Acesso em: 21 jan. 2025.

BRASIL. **Constituição Federal de 1988**. Brasília: 1988.

BUBER, Martin. **Do diálogo e do dialógico**. São Paulo: Editora Perspectiva, 1982.

BUBER, Martin. **El camino del ser humano y otros escritos**. Traducción y notas de Carlos Díaz. Madrid: Ed. Fundación Emannuel Mounier, 2003.

COSTA, Ferreira Costa. O ser com o outro por meio de uma ética inter-humana na experiência educativa. *In*: MENDONÇA, Kátia; SERRA NETTO, Hélio Figueiredo; SILVA, Irene de Jesus. **Imagem, arte, ética e sociedade**: percursos da pesquisa. Belém: Marques Editora, 2020.

FIORI, José Luiz. Religião, violência e loucura no Brasil. **Brasil de Fato**, 15 mar. 2019. Disponível em: https://www.brasildefato.com.br/2019/05/15/artigo- -por- -jose-luis-fiori. Acesso em: 21 set. 2021.

FREIRE, Paulo. **Educação como prática da liberdade**. São Paulo: Paz e Terra, 1980.

FREIRE, Paulo. **Pedagogia do oprimido**. São Paulo: Paz e Terra, 1983.

FRIGOTTO, Gaudêncio. Sociedade e educação no governo Bolsonaro: anulação de direitos universais, desumanização e violência. **Revista Desenvolvimento e Civilização**, [*S. l*], v. 2, n. 2, p. 118-138, jul./dez. 2021.

LEVITSKY, Steven; ZIBLATT, Daniel. **Como as democracias morrem**. Rio de Janeiro: Zahar, 2018. 272 p. ISBN - 13: 978- 8537818008.

MARCEL, Gabriel. **El hombre problemático**. Buenos Aires: Editora Sudame-ricana, 1956.

MARCEL, Gabriel. **Os homens contra o homem**. Madrid: Caparrós Editores, 2001.

MENDONÇA, Kátia. **A salvação pelo espetáculo**: mito do herói e política no Brasil. Rio de Janeiro: Topbooks, 2002.

MENDONÇA, Kátia. Entre a dor e a esperança: educação para o diálogo em Martin Buber. **Memorandum,** v. 17, p. 45-59, 2009. Disponível em: http://www.fafich. ufmg.br/~memorandum/a17/mendonca01.pdf.

NOBRE, Marcos. **Ponto-final**: a guerra de Bolsonaro contra a democracia. São Paulo: Todavia, 2020. 70p.

PARREIRA, Gizele Geralda. **Martin Buber e o sentido da educação**. Goiânia: IFG, 2016.

SILVA, Ezir George. **Fenomenologia da metafísica do ser e do ter**: contribuições do pensamento filosófico de Gabriel Marcel para a educação numa perspectiva da formação humana. Tese (Doutorado em Educação) – Universidade Federal de Pernambuco, Recife, 2014.

VIOLIN, Tarso Cabral. **Bolsonarismo**: o fascismo neoliberal brasileiro no século XXI. Porto Alegre: Editora Fi, 2022.

WEBER, Max. **Economia e sociedade**: fundamentos da sociologia compreensiva. Tradução de Regis Barbosa e Karen Elsabe Barbosa; revisão técnica de Gabriel Cohn. 4. Ed., 4. reimpr. Brasília: Editora Universidade de Brasília, 2014.

A IMAGEM RELIGIOSA COMO *ANDENKBILD*, AO LADO DO *ANDACHTSBILD*: UMA LEITURA WARBURGUIANA E SUAS IMPLICAÇÕES ÉTICAS

Helmut Renders

Introdução

Agradeço o convite da Prof.ª Dr.ª Kátia Marly Leite Mendonça, coordenadora do Grupo de Pesquisa CNPq Imagem, Arte, Ética e Sociedade, para submeter mais um texto às publicações do grupo. Olhando para a minha produção científica, ela concentra justamente textos ao redor dos três eixos principais desse grupo de pesquisa, entretanto sempre relacionada com o campo da religião[6]. O convite me honra ainda mais, considerando que a minha ênfase de pesquisa, quanto à cultura visual, passa mais por uma abordagem fenomenológica, mantendo o diálogo, principalmente, com historiadores de arte. Fora disso, compartilho alguns dos pressupostos articulados na apresentação do grupo de pesquisa na diretoria dos grupos de pesquisa do CNPq, em especial que "as relações sociais [passadas e] contemporâneas [são] profundamente mediadas pela imagem" (Gomes; Mendonça, 2013). Além disso, vejo também as ciências humanas na obrigação diante da sociedade de contribuir para "relações não violentas em meio à tecnologia, à profusão de imagens, ao espetáculo e à cegueira espiritual contemporânea" (IDEM, 2013). Não por último, deve ser incluída, inclusive, a cegueira das próprias religiões, quanto a necessidade de entender melhor seu uso de imagens e a sua compreensão do papel de imagens na construção simbólica da vida em sociedade em uma dimensão ética. A minha única dúvida encontrada quanto à descrição do grupo se refere a "um olhar ancorado na ética, na intersubjetividade e na espiritualidade do ser humano"[7]. Eu entendo "ética" como "discernimento moral" no sentido de que ética sempre envolve um processo autorreflexivo e argumentativo, em distinção de moral, que representa um conjunto de hábitos aceitos por uma maioria de um grupo social. Creio

---

[6] *Cf.* CNPq: Currículo Lattes Helmut Renders. Disponível em: http://lattes.cnpq.br/9348720483251408. Acesso em: 12 jan. 2024.

[7] *Cf.* CNPq. Diretório de Grupos de Pesquisa. Grupo de Pesquisa Imagem, Arte, Ética e Sociedade. Disponível em: https://dgp.cnpq.br/dgp/espelhogrupo/198858. Acesso em: 15 jan. 2024.

que imagens religiosas muitas vezes, não somente, servem como meios de afirmação ou da defesa de um moral estabelecido, senão em defesa da sua hegemonia. Não digo que isso não possa ser o caso e a função de arte religiosa. Entretanto, creio que não seja percebido suficientemente que a arte religiosa, em diversos casos, foi criada, encomendada e vista, conscientemente, por parte do/a artista, do/a padronizador/a e do/a consumidor/a, como espaço para a reflexão ética, diante de divindades e de outros seres humanos, em meio e em relação à vida em sociedade. Isso certamente não é o senso comum sobre a arte religiosa, e serve, por causa disso, neste capítulo como hipótese a ser comprovada. Para construir meu argumento, vou recorrer ao Aby M. Warburg. Enquanto as suas contribuições nos *campi* da história da arte e dos estudos culturais são amplamente reconhecidas, isso não se aplica com tanta frequência ao seu envolvimento com o campo das ciências da religião. Este é de vez enquanto considerado ou mencionado (Rösch, 2010, p. 11), mas poucas vezes explicitado[8]. Esta relação passa, no mínimo, por três aspectos: as inspirações recebidas pelo cientista da religião Hermann Usener, a cujas aulas Warburg assistiu durante os seus estudos em Bonn, e, em especial, pela sua obra *Os nomes dos deuses: uma tentativa do ensino da formação* de conceitos religiosos (Usener, 1896)[9].

Além disso, há uma profunda relação entre o desenvolvimento das concepções do *Andachtraum* (espaço de devoção) e do *Denkraum der Besonn-nheit* (espaço do pensar com prudência) e o campo religioso. A primeira concepção é relacionada com as pesquisas de Warburg sobre o *Andachtsbild* (imagem de devoção) renascentista, que envolve um grupo de textos sobre a influência da arte devocional flamenga na arte renascentista italiana:

Flandrische und florentinische Kunst im Kreise des Lorenzo Medici um 1480, 1901[10] (Warburg, 1932, p. 207-212; 1998, p. 207-212);

Bildniskunst und florentinisches Bürgertum, 1902[11] (Warburg, 1932, p. 89-126; 1998, p. 89-126);

---

[8] Uma exceção é a coletânea de obras de Warburg editada e comentada por Martin Treml, Siegrid Weigel e Perdita Ladwig (2018), cujo capítulo 4 recebeu o título "Extensões [para o campo] da ciência da religião: magia, matemática, técnica" (Treml; Weigel; Ladwig, 2018, p. 403-494). Esse capítulo contém o texto sobre Lutero (*cf.* Warburg, 2010, p. 424-494; 1932b, p. 487-558).

[9] Para estudo mais abrangente sobre a relação entre Warburg e Usener, ver Roland Kany (1987), um teólogo católico.

[10] "Arte flamenga e florentina no círculo de Lorenzo Medici, por volta de 1480".

[11] "O retrato e a burguesia florentina".

Flandrische Kunst und florentinische Frührenaissance, 1902[12] (Warburg, 1932, p. 185-206; 1998, p. 185-206);

Austausch künstlerischer Kultur zwischen Norden und Süden im 15. Jahrhundert, 1905[13] (Warburg, 1932, p. 177-184; 1998, p. 177-184)[14];

Francesco Sassettis letztwillige Verfügung[15], 1907 (Warburg, 1932, p. 127-158; 2010, p. 234-280);

Arbeitende Bauern auf burgundischen Teppichen[16], 1907 (Warburg, 1932, p. 221-230).

A segunda concepção, o *Denkraum*, é elaborada junto à figura de Martin Lutero:

Heidnisch-antike Weissagung in Wort und Bild zu Luther´s Zeiten, 1920[17] (Warburg, 1932b, p. 487-558; 2018, p. 424-494)[18].

Neste texto, Lutero é apresentado como uma pessoa renascentista religiosa que, a partir da criação de um *Denkraum der Besonnenheit*, era capaz de ir além da religiosidade da época.

O capítulo foca os dois últimos aspectos, as suas respectivas particularidades, a relação entre eles e finaliza com uma proposta da leitura de arte religiosa como *Andenkbild* (imagem para pensar). Criei esse neologismo para descrever a função da arte religiosa no *Denkraum der Besonnenheit* com mais precisão ao lado da concepção do *Andachtsbild* (imagem de devoção). Com a ampliação da leitura da arte religiosa como *Andenkbild*, ao lado de *Andachtsbild*, procuro especificar com mais precisão a minha hipótese de uma possível função ética da arte religiosa, no caso consciente e intencionalmente.

Em seguida, divido o texto em duas seções. Na primeira, descrevo o desenvolvimento das concepções *Andachtsraum* e *Denkraum der Besonnenheit* como contribuições de Aby Warburg para descrever uma interação

---

[12] "Arte flamenga e início do Renascimento florentino".

[13] "Intercâmbio de cultura artística entre Norte e Sul no século XV".

[14] Uma edição on-line das obras editadas por Horst Bredekamp *et al.* está disponível em: http://visualiseur.bnf.fr/CadresFenetre?O=NUMM-92285&I=267&M=tdm. Acesso em: 21 jan. 2025.

[15] "O testamento de Francesco Sassettis".

[16] "Tapetes burgúndios com agricultores trabalhando".

[17] "A profecia da Antiguidade pagã antiga em texto e imagens nos tempos de Lutero" (Warburg, 2015, p. 129-198).

[18] Esse texto também existe on-line, na primeira edição das obras de 1932. Disponível em: https://gallica.bnf.fr/ark:/12148/bpt6k92284q/f68.item. Acesso em: 21 jan. 2025.

do ser humano com imagens. Na segunda seção, introduzo *Andenkbild* ao lado de *Andachtsbild*, construindo um paralelo equivalente *Andachtsraum / Andachtsbild* por *Denkraum / Andenkbild*. Isso até é algo que o próprio Warburg fez muitas vezes: criar uma palavra para expressar o que ele queria dizer. A própria palavra *Andachtsraum*, antecipando a primeira seção, foi uma criação de Warburg.

Uma palavra ainda em relação das edições das obras de Warburg citadas, inclusive as suas traduções. Quanto aos textos originais, parto sempre da edição de 2010 (*Werke in einem Band*) e, onde não for possível, da edição de 1998 (*Gesammelte Schriften. Studienausgabe*); e, paralelamente, menciono ainda a edição de 1932 (*Gesammelte Schriften*), por ser on-line, acessível, e dessa forma disponível para o/a pesquisador brasileiro/a. Quanto à tradução para o português, uso pontualmente a edição de 2015 (*Histórias de fantasma para gente grande*), apesar de que nem sempre acompanho a tradução proposta[19]. Como a tradução de 2015 se baseia na edição de 2010, faltam quase todos os textos do primeiro volume da edição de 1932 e os volumes I.1 e I.2 da edição de 1998. Traduções desses textos são do autor. Elas são facilmente identificadas por não serem acompanhadas por uma indicação bibliográfica.

A contribuição de Aby Warburg

Para Aby Warburg, a capacidade do sujeito humano de criar uma distância entre si e um objeto simbólico é fundamental para a sua compreensão do desenvolvimento cultural do ser humano, ou do seu estado de desenvolvimento cultural. Essa compreensão ele já articula relativamente cedo em suas pesquisas, ainda sem a menção das concepções do *Andachtsraum* ou do *Denkraum* [*der Besonnenheit*]. Quanto às imagens, meios simbólicos por excelência, isso significa, literalmente, o espaço criado ou a distância mantida entre um ser humano e uma obra de arte, seja uma escultura, uma pintura ou uma gravura. Consequentemente, é o desenvolvimento da arte um processo essencial para o desenvolvimento cultural do ser humano, entretanto não em primeiro lugar em um sentido estético e jamais como base de um favorecimento da arte erudita versus arte popular, mas num sentido de possibilitar e promover a autorreflexão e a reflexão sobre o estar no mundo, que por sua vez favorece a reflexão ética. Eu proponho aplicar estas concepções explicitamente para o uso

---

[19] Por exemplo, preferimos como tradução de *Denkraum* não "espaço reflexivo", mas "espaço de pensar".

da arte religiosa na religião ou para a nossa compreensão do uso e da sua função na vida religiosa. Justifico essa aplicação pelo fato de que o próprio Warburg desenvolveu estas concepções a partir das suas observações respectivas à arte religiosa ou ao sujeito religioso. Assim, descrevo em seguida esta relação quanto às concepções warburguianas do *Andachtsraum* e do *Denkraum* [*der Besonnenheit*].

Do *Andachtsbild* e sua *Andachtsbildarchitetonik* ao *Andachtsraum*

A palavra *Andacht* [devoção] e seus derivados *Andachtsbild* [imagem para a devoção] e *Andachtsbuch* [livro para a devoção] são termos usados para descrever a prática da devoção usando uma imagem [*Bild*] ou um livro [*Buch*], que, por sua vez, pode conter textos, imagens, ou textos e imagens. A criação da designação dos seus derivados é naturalmente mais recente, mas leva a gente justamente para o século em que Aby Warburg criou a sua concepção do *Andachtsraum*.

Em Warburg a palavra *Andacht* não aparece muito[20], com uma exceção significativa, seu longo interesse na obra *Devoção* [*Andacht*, o autor] *na pintura: contribuições sobre a psicologia dos grandes mestres*, de Oscar Ollendorff[21], publicada em 1912[22]. A pessoa aparece pela primeira vez em uma carta do próprio Ollendorff para Warburg (WIA GC/10056 – 04.01.1893)[23], logo depois em uma carta de Adolf Goldschmidt para Aby Warburg (WIA GC/10033 – 30.07.1893). É preservado um total de 152 correspondências ou de cartas entre Ollendorff e Warburg, ou de mensagens em que Warburg ou outras pessoas se referem a Ollendorff. Em uma carta de 31.05.1910, Warburg menciona e aprova o projeto da publicação do livro *Andacht in der Malerei* (WIA GC/11237) e ainda em 1928 menciona o título positivamente em uma correspondência para Ludwig Münz (WIA 20855 – 05.03.1928). Dois anos antes, em uma carta para Ollendorff de 31.05.1926, Warburg mostra interesse na sua segunda obra, *Amor na pin-*

---

[20] Já o adjetivo *andächtig* aparece seis vezes no primeiro volume das obras editadas em 1932 sempre com a conotação de dedicado, perseverante, concentrado.

[21] Ollendorff era também um judeu alemão e se tornou historiador de arte.

[22] Já as respectivas reflexões de Panofsky (1927) sobre a *imago pietatis*, muitas vezes citadas, representam a continuidade do debate nas histórias da arte, mas não contribuíram nem para as concepções de Warburg, nem de Ollendorff.

[23] WIA = Warburg Institut Arquive. Acesse o catálogo on-line em https://wi-calm.sas.ac.uk/CalmView/Default.aspx? Acesso em: 21 jan. 2025. O catálogo contém descrições em inglês, mas não lista as palavras, expressões ou concepções alemãs.

tura: contribuições sobre a psicologia dos grandes mestres (Ollendorff, 1926). Na mesma carta Warburg se irrita pelo fato de que os livros de Ollendorff são ignorados pela área da história da arte.

Pelas datas de publicação, fica evidente que nenhuma das duas obras contribuiu para o desenvolvimento da concepção warburguiana do *Andachtsraum* e o próprio Ollendorff nunca cita Warburg diretamente. Mas há pontos de convergências. Ollendorff estuda a arte religiosa, especificamente o *Andachtsbild*, como "fontes do estudo das expressões humanas" ou como "fontes das formas por meio dos quais seres humanos se expressam"[24]. Ele concentra-se nos "movimentos que expressam devoção" ou nos "movimentos por meio dos quais a devoção é expressa"[25]. Ele interpreta esses movimentos como expressão da alma[26], que ele, entretanto, claramente distingue das "representações da dedicação e do amor religiosos"[27] (Ollendorff, 1912, p. 2, 13-19, 1, 1). Com isso, Ollendorff identifica e descreve nas obras renascentistas a *Andacht* mais como atitude e menos como paixão, mais como elemento apolíneo e menos como expressão dionísica ou extática. É interessante que esse acento corresponde ao significado inicial da palavra *Andacht*, como *Meinung, Ansicht, sinnen u. trachten, bestreben*[28], por exemplo, ainda em Lutero (*aus menschlicher _andacht_ oder gutdünken*[29])[30]. Essa leitura da palavra, como vamos ver mais para frente, Ollendorff compartilha com Warburg.

Ollendorff concorda com Warburg em que o valor de uma obra de arte é não somente uma questão de estética, mas de significado. Da mesma forma, como a razão é essencial para as ciências, o "espírito humano que dá a forma ao belo é a parte essencial da arte[31], o que envolve uma intencionalidade. Os meios para isso são formais: "A arte somente pode apresentar as coisas da alma, enquanto as mesmas falam pela aparência exterior"[32]. Isso passa pela postura corporal como um todo (ajoelhado,

---

[24] "*Quellen für Studium des menschlichen Ausdrucks*".

[25] "*Ausdrucksbewegungen der Andacht*".

[26] "*Seelischer Ausdruck*".

[27] "*Darstellungen religiöser Hingabe und Liebe*".

[28] Opinião, visão; ponderar e pretender, esforçar-se.

[29] Segundo a forma humana de pensar ou "como bem entende" [literal de *gutdünken*]. Geralmente é hoje traduzido por consideração, discernimento ou entendimento.

[30] Na página alemã Wörterbuchnetz, que conecta 23 dos dicionários e das enciclopédias da língua alemão, há uma detalhada apresentação do desenvolvimento da palavra.

[31] "[...] *für die Kunst* [*ist*] *der das Schöne gestaltende menschliche Geist das eigentlich Wesentliche*".

[32] "*Die bildende Kunst kann Seelisches nur darlegen, insofern es sich in der äußeren Erscheinung ausspricht*".

assentado, em pé), por gestos (dedos, mãos, braços), o semblante (boca, olhos, testa, postura da cabeça) e pela composição da obra quanto à relação entre a pessoa devota e seu objeto de devoção. O significado constrói-se a partir do significado cotidiano da expressão humana e de significados históricos de gestos; por exemplo, de um gesto germânico de submissão de prisioneiros de guerra. Assim, entender o significado requer conhecimento psicológico, social e cultural. Ollendorff enxerga, entretanto, nas mãos dobradas menos o elemento de submissão, mais "um eco involuntário daquilo que acontece na alma, um movimento acompanhante [...] do silêncio e da concentração"[33]. Isso coincide com a sua avaliação de Rembrandt, um calvinista. Depois de ter analisado Michelangelo, Correggio, Ticiano, Holbein, Rafael, Dürer e Rubens, ele considere "na área da devoção [...] Rembrandt o mestre dos mestres"[34]. Assim, especialmente a concepção de Ollendorff da "alma em atitude devocional"[35] (Ollendorff, 1912, p. 6, 16, 13-14, 14-15, 126, 142) parece-nos acompanhar expressões similares de Warburg, como "elementos da alma cheias de devoção"[36].

De fato, não encontrei nenhum relato mais detalhado de Warburg em relação às obras de Ollendorff, mas certas semelhanças chamam atenção. Três elementos quero então destacar: a importância do elemento nórdico ou o foco na *Andacht* como dedicação, e concentração, e seriedade (apesar de que não como causa ou influência sobre a arte florentina); a importância do significado *supra* do mero impacto estético; o destaque nos detalhes das formas humanas. Afinal, evidencia o livro o contínuo interesse geral no tema e a necessidade de mapear e diferenciar na história da arte tipos de *Andacht*. Com isso, amplia-se automaticamente o significado do *Andachtsbild* [imagem de devoção], além das características de estilos (maneirismo, barroco e rococó, neoclassicismo e romantismo) ou supostas tipologias nacionais e confessionais[37].

O termo *Andachtsbild* é normalmente visto como equivalente do francês *tableau de dévocion* ou do italiano *quadri de devotione* (Schade, 1996, p. 15), ambos usados pela primeira vez no século XV. O surgimento desses termos

---

[33] "[...] ein unwillkürliches Echo jenes seelischen Vorganges, als [...] Begleitbewegung der Stille und Konzentration die unzertrennlich zur Andacht gehören".

[34] "[...] auf dem Gebiet der Andacht halte ich Rembrandt für den Meister der Meister".

[35] "Andachtsvolle Seele".

[36] "Andachtsvollen Seelenstücken". Expressão encontrada em *Arbeitende Bauern auf burgundischen Teppichen*, de 1907 (Warburg, 1932, p. 229).

[37] A ideia de uma história da arte ou de estudos culturais nacionalistas era muito presente durante o século XIX e ainda o século XX.

acompanha novas práticas de devoção e assunto de um debate amplo quanto ao seu uso e sua aplicação. Entretanto, e apesar de que essas práticas novas também se espalham nos territórios alemães, a respectiva expressão alemã aparece somente em textos de Wolfgang Goethe (Schade, 1996, p. 54), ou seja, entre 1790 e 1820. Para Warburg, o estudo do gênero do *Andachtsbild* se torna o aspecto-chave da sua concepção do *Andachtsraum*, principalmente a partir da comparação sob uma perspectiva cronológica entre o *Andachtsbild* na arte flamenga ou o *Andachtsbild* e a arte florentina. Isso ocorre, como já documentamos antes, em textos escritos entre 1902 e 1907.

É o olhar para o detalhe que inspira também Warburg. Em *Flandrische Kunst und florentinische Frührenaissance*, 1902, ele comenta:

> Já em meados do século XV, a surpreendente habilidade técnica de Jan von Eyck [...] havia conquistado a sociedade da corte para uma compreensão admirável da séria pintura da alma de seus quadros devocionais.[38]

Entretanto, Warburg não estuda o *Andachtsbild* como gênero por si mesmo, mas o *Andachtsbild* como *Stifterbild* [imagem com retrato do/a doador/a], ou seja, o *Andachtsbild* em que a pessoa devota pintada retrata um doador, uma doadora ou um casal doador. Warburg observe que esses retratos revelam tanto uma atitude religiosa como o surgimento de uma interação do sujeito religioso com o mundo ao seu redor, antes da Renascença ausente nas pinturas; com outras palavras, expressa-se tanto a busca de uma proximidade íntima com o divino pela pessoa como um novo movimento pelo qual a pessoa se distancia do mundo religioso e se torna uma autoconsciente observadora do mundo ao seu redor:

> [...] enquanto as mãos do doador ainda mantêm o gesto habitual de quem se esquece de si, olhando para cima em busca de proteção, o olhar sonhador e observador já se dirige para as distâncias terrenas. A personalidade mundana ressoa, por assim dizer, exageradamente, e a fisionomia típica do espectador autoconfiante desenvolve-se a partir das mímicas da pessoa que ora religiosamente movida.[39]

---

[38] *"Schon seit der Mitte des 15. Jahrhunderts hate die erstaunliche technische Fertigkeit Jan von Eycks [...] die höfische Gesellschaft zum bewundernden Verständnis für die ernsthafte Seelenmalerei seiner Andachtsbilder gewonnen"* (Warburg, 1932, p. 189; Warburg, 1998, p. 189).

[39] *"[...], während die Hände des Stifters noch das übliche Gebärdenspiel des Selbstvergessenen, schutzflehend aufwärts Blickenden bewahren, richtet sich der Blick schon träumerisch oder beobachtend in irdische Fernen. Die weltzugewandte Persönlichkeit klingt gleichsam übertönig mit, und aus der Mimik des religiös ergriffenen Beters entwickelt sich von selbst die typische Physiognomik des selbstbewußten Zuschauers"* (Warburg, 1932, p. 205; 1998, p. 205).

Orar de forma desinteressada, concentrada e com seriedade, e, igualmente, observar de forma autoconsciente e, dessa forma, a partir de uma distância entre o sujeito devoto e sujeito da sua devoção, combina os dois significados da palavra *Andacht*, o inicial e o posterior[40]. No texto *Francesco Sassettis letztwillige Verfügung*, de 1907, lê-se da *silenciosa devoção do doador*[41] e da *distância devocional*[42], justamente em oposição *da mímica patética da antiguidade*[43], aquilo que ele tinha já descrito em 1902 como "fisionomia particular das imagens de devoção nórdicas"[44].

Em uma carta do dia 11 de abril de 1910, encontra-se agora um comentário que talvez explicite o desenvolvimento posterior da concepção do *Andachtsraum*. O comentário parte da observação de um espaço em que se encontrava um *Andachtsbild*. Em uma correspondência para sua esposa, Maria, Warburg escreve de Venecia para Hamburgo: "*Waetzoldt me levou para a Igreja do Milagre, que realmente é uma forma profundamente perfeita de arquitetônica devocional da primeira fase da Renascença*"[45]. *Andachtsarchitektonik* — [o espaço] arquitectônico [criado para possibilitar a prática] da devoção — materializa a ideia do *Andachtraum*, *Andachtsraum* abstrai a concretude de *Andachtsarchitektonik*[46]. Ambas as palavras são, com muita probabilidade, criações do próprio Warburg[47]. O problema com a concepção do *Andachtsraum* é que nenhum dos textos oficiais dos anos 1899 a 1907 ainda apresenta a palavra.

A ideia de um *espaço de devoção* ou *quarto de devoção* reservado especificamente para esse exercício religioso acompanha as transformações das práticas de piedade ou da espiritualidade que ocorreram a partir do século XV, mas especialmente nos séculos XVI e XVII. Em termos funcionais, pode-se aqui pensar em uma capela, talvez uma igreja pequena

---

[40]   Essa ideia de uma polaridade que circula entre a clareza e a consciência em oposição à atitude supersticiosa já aparece no texto *Die Bilderchronik eines florentinischen Goldschmiedes* de 1899: "*Aber nicht nur die tageshelle Lebensfreude heidnischer Kultur hat unseren Künstler erfaßt; er steht auch unter dem Banne des lichtscheuen paganen Aberglaubens*" (Warburg, 1932, p. 75).

[41]   "*Stummen Donatorenandacht*" (Warburg, 1932, p. 139).

[42]   "*Andachtsvolle Distanz*" (Warburg, 1932, p. 147).

[43]   "*Antike pathetische Mimik*" (Warburg, 1932, p. 157).

[44]   "*Eigenartige Physiognomik nordischer Andachtsbilder*" (Warburg, 1932, p. 204; Warburg, 1998, p. 204).

[45]   "*Waetzoldt brachte mich [...] zur Chiesa de´ Miracoli, die wirklich ein grundvollendetes Stück [...] Andachtsarchitektonik der Frührenaissance ist*" (WIA GC/32204 – 11.04.1910).

[46]   Cremos que seja a primeira vez que se fala do termo *Andachtsarchitektonik* no processo da construção da concepção.

[47]   Não temos certeza de que se trata da passagem do concreto para o abstrato ou do abstrato para o concreto. Supomos que seja o primeiro. Neste caso, a concepção do *Andachtsraum* foi criada somente depois de 1910.

como a Igreja do Milagre. Em geral, refere-se mais ou a uma capela de casa, ou um lugar da casa reservado para a oração, por exemplo, junto a um oratório. Infelizmente, porém, nem os/as historiadores/as da arte, nem os/as culturalistas, nem os teólogos/as se dedicam a questões da origem do termo. Já a concepção *Andachtsraum* aparece em Warburg, tudo que se saiba somente em 1923 nas suas *Imagens da região dos Índios Pueblos na América do Norte*[48] (Warburg, 2015, p. 199-254), uma viagem feita entre 1895 e 1896. No texto de 1923, entretanto, não se menciona somente a concepção do *Andachtsraum*, mas, ao seu lado, também a concepção do *Denkraum*, de que trato na próxima seção.

De Martin Lutero e do *Denkraum der Besonnenheit*

> *Atenas espera ser de novo, como tantas e tantas vezes, reconquistada de Alexandria.*[49]
> *(Warburg, 2015, p. 16)*

Antes do aparecimento da concepção do *Andachtsraum* em 1923, aparece nas obras de Warburg a conceção do *Denkraum*. Segundo Claudia Wedepohl, o desenvolvimento é diretamente ligado com o texto de Warburg sobre Lutero:

> A lógica, que cria o espaço reflexivo (entre o ser humano e o objeto) por meio da designação conceitualmente especificadora, e a magia, que novamente destrói esse mesmo espaço reflexivo entre o ser humano e o objeto por meio do vínculo (ideal ou prático) supersticiosamente agregador — observamos ambas no pensamento profético da astrologia, formando ainda um aparato unitariamente primitivo, com o qual o astrólogo pode de uma só vez medir e conjurar magia. A época em que a lógica e a magia, como o tropo e a metáfora, "florescem enxertadas num mesmo tronco" (nas palavras de Jean Paul) é propriamente atemporal [...].[50]
> (Warburg, 2015, p. 15-16).

---

[48] *Reise-Erinnerungen aus dem Gebiet der Pueblo-Indianer in Nordamerika*, 1923 (Warburg, 2010, p. 567-600).

[49] "*Athen will eben immer wieder neu aus Alexandrien zurückerobert sein*" (Warburg, 1932b, p. 534).

[50] "*Logik, die den Denkraum – zwischen Mensch und Objekt – durch begrifflich sondernde Bezeichnung schafft, und Magie, die eben diesen Denkraum durch abergläubisch zusammenziehende – ideelle oder praktische – Verknüpfung von Mensch und Objekt wieder zerstört, beobachten wir im weissagenden Denken der Astrologie noch als einheitlich primitives Gerät, mit dem der Astrologe messen und zugleich zaubern kann. Die Epoche, wo Logik und Magie wie Tropus und Metapher (nach den Worten Jean Pauls'), auf einem Stamme geimpft blühten ist eigentlich zeitlos [...]*" (Warburg, 1932b, p. 491).

Volto para a relação entre *Andachtsraum* e *Denkraum*. Segundo Siegrid Weigel (2020, p. 398), cada uma descreve em Warburg um "modo específico e estado das práticas culturais". Claudia Wedepohl, citando Warburg, fala do "espaço de devoção que se transformou em um espaço de pensar" ou do *Andachtraum der sich in einen Denkraum verwandelte* (Warburg *apud* Wedepohl, 2014b, p. 17). Já a mesma citação refere-se logo depois ao "espaço como *Andachtsraum* ou *Denkraum*", o que levaria menos para a ideia de dois estados diferentes do que de concepções próximas, se não quase idênticas. Entendo que essa distinção depende novamente da interpretação da palavra *Andacht*; com as suas possibilidades entra uma compreensão de um ato mais observador e reflexivo ou de uma atitude mais submissa e receptiva. Nossa impressão é de que Warburg oscila entre as duas compreensões e que na primeira fase, quando não existe a conceção do *Denkraum*, a ideia do *Andachtsraum* quase assume as duas possiblidades. Já na retroperspectiva de 1923, com a existência das duas concepções, em que ambas articulam uma distância, há uma tendência não consequentemente desenvolvida de distinguir entre a fase inicial da Renascença (*Andachtsraum*) e o Iluminismo (*Denkraum*). Assim diz Wedepohl:

> Para Warburg, a criação de um "espaço de devoção" [*Andachtsraum*, o autor] refere-se a uma atitude mental que – historicamente – preparou o Iluminismo como uma época, enquanto "pensar" representa – psicologicamente – a capacidade humana, tornada possível pelo Iluminismo (ou pela educação), para controlar estímulos [impossíveis a serem mantidos] distantes [de si] ou "reflexos fóbicos"[51]. (Wedepohl, 2014b, p. 43).

O comentário de Wedepohl retoma que em Warburg medo é a reação mais elementar do ser humano e tanto a cultura como a religião são formas do ser humano de sair do mundo dos "reflexos fóbicos". Nos seus estudos sobre o gênero do *Andachtbild*, ou melhor, do *Stifterbild*, Warburg tinha observado que "a fisionomia típica do espectador autoconfiante desenvolve-se a partir da mímica da pessoa que ora religiosamente movida". Trata-se do momento de conquistar um novo lugar no mundo, designado depois como *Denkraum*, cuja estabilidade cresce à medida que o sujeito, não somente "o sujeito que ora religiosamente motivado", encontra uma

---

[51] "Die Schöpfung eines „Andachtsraums" bezeichnet für Warburg mithin eine – historisch – die Aufklärung als Epoche vorbereitende Geisteshaltung, während das „Denken" – psychologisch – die durch die Aufklärung (oder Bildung) ermöglichte Fähigkeit des Menschen darstellt, distanzlose Reizreaktionen oder „phobische Reflexe" zu kontrollieren".

distância segura que permite a sua atuação na vida em meio às incertezas angustiantes (*cf.* Renders, 2022, p. 85-99). Apesar de Perdita Rösch não mencionar a concepção *Andachtsraum* nem no índice geral nem no glossário dos conceitos mais importantes do seu livro, ela aparece num breve comentário:

> O símbolo situa-se entre a coisa e o signo: o símbolo não é a coisa nem apenas a designa, mas desperta em nós aquilo que simboliza. O símbolo é uma associação ou conexão mental e emocional, que não permite esquecer que o símbolo apenas representa o que se significa, mas não o substitui. O termo "espaço devocional" para o espaço simbólico é, portanto, bastante adequado, pois conota a dimensão emocional e espiritual que está além da magia, mas deste lado do puro logos. Warburg vê ambos, espaço de oração e espaço de pensamento, ameaçados pela cultura da máquina puramente técnica[52]. (Rösch, 2010, p. 90).

A descrição qualitativa do *Andachtsraum* "conota a dimensão emocional e espiritual que está além da magia, mas deste lado do puro logos" o valoriza não somente como fase civilizatória de passagem, senão descreve o distanciamento como um processo que não necessariamente desfaz vínculos afetivos. Este aspecto retomarei quando falar da dimensão ética do *Andachtsraum* ao lado do *Denkraum*.

Do *Denkraum der Besonnenheit* ao Andenkbild: uma leitura da função da arte religiosa

Quando se fala do *Andachtsbild* protestante, deve-se imaginar que os dois elementos da palavra, ou seja, os aspectos tanto reflexivo como passional, podem ser e foram usados como chaves de leitura e do entendimento. *Andachtsbild* e *Andachtsraum* preservam uma ambiguidade ou polaridade que *Denkraum* não contém e preserva. Isso representa uma riqueza e reserva de significado que provavelmente respeita mais a diversidade encontrada de práticas devocionais rela-

---

[52] "Das Symbol steht zwischen dem Ding und dem Zeichen, Weder ist das Symbol das Ding, noch bezeichnet es das Ding nur, sondern es ruft in uns, was es symbolisiert, wach. Das Symbol ist eine geistig-seelische Assoziation bzw. Verbindung, die dennoch nicht vergessen lässt, dass das Symbol nur für das Gemeinte steht, es aber nicht ersetzt. Die Bezeichnung „Andachtsraum" für den symbolischen Raum ist daher recht treffend, da er die gefühlsmäßig-seelische Dimension mit konnotiert, die jenseits der Magie aber diesseits des reinen Logos beheimatet ist. Beide nun, Andachtsraum wie Denkraum, sieht Warburg durch die rein technische Maschinekultur bedroht".

cionadas à arte religiosa, e isso não somente no mundo protestante como no mundo católico. Mas, para que uma imagem, ainda que seja vista como viva, com uma agência até potencialmente perigosa, não fira seu observador ou a sua observadora, parafraseando uma outra expressão célebre de Warburg[53], precisa-se de uma distância e saber manter essa distância. A devoção, no sentido secundário, diminui essa distância, a *Andacht* no sentido primário e o pensamento prudente estabelecem e mantêm a distância. Com as nossas palavras: o *Andachtsbild*, recordando-se em especial do significado inicial de *Andacht*, tornou-se também *Andenkbild*, uma imagem com a função de fazer pensar — sobre a imagem, sobre o que ela representa, sobre o significado dos seus detalhes, sobre si mesmo, inclusive suas próprias angústias existenciais, sobre o mundo como causa dessas angústias. A arte religiosa como *Andenkbild* é certamente mais um meio educacional do que devocional, mas pode representar também uma barreira contra tendências iconoclastas e iconólatras. Porque quem observa a imagem numa distância segura nem precisa a destruir nem se afundar nela numa relação simbiótica para rejeitar ou acessar sua força e agência. Mas, ainda mais, como Warburg sugere e Wedepohl confirma: o *Andachtsbild* como um *Andenkbild* serve para controlar suas próprias fobias, exteriorizadas e reencontradas na arte religiosa, mantidas a uma distância segura, para observá-las, nomeá-las e superá-las. Afinal, trata-se de uma ampliação da compreensão da função da arte religiosa. *Andachtsbild* e *Denkbild*, assim podemos dizer, de certo modo assumem a marcação funcional da polaridade entre o dionisíaco e o apolíneo, sempre mantendo em mente que *Andachtsbild* pode até um certo ponto integrar o aspecto do *Denkbild*, mas não inverso. Ao final, a introdução de *Denkbild* serve como uma marcação de um significado de *Andachtsbild* que hoje praticamente se perdeu enquanto se pensa devoção como ato de submissão e atitude de mera recepção. De certo modo, além disso, as duas concepções vistas em conjunto assumem também, mutuamente, um papel corretivo: quando o *Andachtsbild* assume demais, Atenas está *ante portas* e junto a ela se abrem as portas não somente para o divino, mas também facilmente para o demoníaco; quando o *Denkbild* é tudo, talvez o aspecto religioso da radical outricidade do divino esteja em perigo de se tornar distante demais, secundário e inacessível.

---

[53] *Du lebst, aber du tust mir nichts.*

O aspecto ético do *Andenkbild* ao lado do aspecto moral do *Andachtsbild*

Dentro do círculo temático dessa publicação, que se refere à relação entre arte, imagem, ética e sociedade, entendo que a ampliação de *Andachtsbild* por *Andenkbild* abre mais uma outra perspectiva: a distinção mais clara entre moral e ética relativa à arte religiosa. Vista a imagem religiosa como *Andachtsbild*, no mínimo no sentido ou uso mais cotidiano de uma devoção passiva e receptiva, a sua proximidade com uma narrativa que destaca a moral estabelecida como inalterável e constante junto a um apelo de se submeter a tal ordem moral estabelecida é mais provável. Vista a imagem religiosa como *Andenkbild*, mantendo a ideia de uma observação a tal distância que constitui um espaço para pensar e refletir, inclusive sobre os aspectos angustiantes da vida com toda a sua tendência de inundar o ser até a perda de controle de si, aumenta também a probabilidade de que se cria um espaço para a ética. Este elemento angustiante parece-me em geral subestimado no dia a dia do discernimento moral. Uma decisão ética leva para um campo desconhecido, ergo potencialmente perigoso e angustiante, já que ou se avança aonde o moral nunca chegou, ou se questiona o moral em vigor, o que sua vez pode levar à exclusão do seu grupo social e *habitat*. Ética de verdade não é aplicação da moral estabelecida, é o avanço sobre uma terra incógnita, estabelecendo novos parâmetros ou justificando antigos por novas razões. Para isso, a ética, como processo reflexivo sobre o moral ou o amoral estabelecido no sistema social, socioeconômico, político e religioso, estruturando o nosso mundo e determinando o que se diz o certo e o errado, requer suficiente proximidade e distância à realidade do problema moral que deve ser resolvido. Distância e autonomia, para controlar o medo. Mas também proximidade e vínculo, para integrar na decisão a dimensão do afeto, ou seja, o que na religião se articula pela insistência na misericórdia ao lado da justiça, no princípio da equidade ao lado do princípio da universalidade etc. etc. Os dois maiores problemas da decisão ética são o medo de tomar uma decisão e a falta da consideração do afeto a favor do uso de uma lógica pura e fria. Sem coragem e sem afeto, na prática, não existe ética, e as ideias do *Andachtsraum* e do *Denkraum* providenciam um espaço para ambos.

Estudo de caso: o quadro *Os Dois Caminhos*, de Charlotte Reihlen

Na cultura visual evangélica brasileira, certas obras de arte religiosa se tornaram ao longo dos anos emblemáticas e representativas para a sua época.

Figura 1 – Charlotte Reihlen, *O Caminho Largo e o Caminho Estreito* (São Paulo, 1932)

Fonte: acervo da Igreja Metodista; Umesp; proposta de segmentação de Rafaela Robertti Souza

Mencionamos aqui, em uma ordem cronológica, as edições do *Livrinho do Coração* ou *O Coração do Homem*, de Gossner (a partir de 1914), o cartaz *O Caminho Largo e o Caminho Estreito* (a partir de 1932)[54],

---
[54] O original alemão é de 1867. A versão brasileira de 1932 se baseia na edição inglesa de 1889.

de Charlotte Reihlen, e o cartaz *O Plano Divino através de Séculos* (a partir de 1941), de N. Lawrence Olson. Enquanto a primeira obra é evangélica no sentido mais amplo possível, com suas edições, em ordem cronológica, presbiterianas, metodistas, luteranas, assembleianas e batistas, representa a segunda mais o protestantismo de missão e migração; e a terceira, a arte religiosa pentecostal. Somente a terceira foi criada no Brasil, mas, mesmo assim, cita fortemente obras anteriores. A primeira e a segunda obra são traduções. Nos três casos temos exemplos do *Nachleben der Antike*, ou da *sobrevivência da Antiguidade*, inclusive da antiguidade demoníaca. Falarei então um pouco do cartaz de Charlotte Reihlen considerando os apontamentos feitos anteriormente quanto à arte religiosa como *Andachtsbild* e *Andenkbild*.

Na literatura alemã o cartaz é designado como *Andachtsbild*. Discuto em seguida essa designação retomando por um momento as reflexões de Ollendorff a respeito da *Andacht* e de Warburg quanto ao *Andachtsbild* como *Stifterbild*. Primeiro, procurei no cartaz, com suas cerca de cem cenas envolvendo pessoas, típicas atitudes de devoção, como apresentadas por Ollendorff. O mais próximo disso é um grupo que assiste a um culto ou uma pregação no ar livre no segmento 1C:

Figura 2 – Charlotte Reihlen, *O Caminho Largo e o Caminho Estreito* (São Paulo, 1932), segmento 1C

Fonte: acervo da Igreja Metodista; Umesp; proposta de segmentação de Rafaela Robertti Souza

Nessa cena, gestos específicos de devoção não aparecem, senão no sentido de uma atitude geral de concentração e atenção como possíveis traduções visuais do adjetivo *andächtig*. Uma cena no segmento 2B (Figura 3) chama especialmente nossa atenção, já que ela contém todos os elementos de uma cena devocional: um crucifixo e uma pessoa potencialmente devota. O cenário é uma composição interessante. Um crucifixo acima de uma fonte, a água saindo de uma rocha escura. Uma iconografia clássica composta: Cristo, o salvador, entregando a sua vida; Cristo, fonte de vida. Um peregrino, caracterizado pelo bastão na sua mão esquerda, estende a sua mão para tomar água. No fundo, uma escada íngreme, uma mulher e uma criança de costas, subindo. Mas o peregrino não olha para o crucifixo, não dobra as suas mãos, e não ajoelha. De fato, ele ignora o crucifixo e prepara-se para a sua jornada tomando água. O peregrino e a mãe com a criança também não interagem: cada um caminha sozinho.

Figura 3 – Charlotte Reihlen, *O Caminho Largo e o Caminho Estreito* (São Paulo, 1932), segmento 1C

Fonte: acervo da Igreja Metodista; Umesp; proposta de segmentação de Rafaela Robertti Souza

Além da falta de interação entre qualquer objeto de devoção e um/a devoto/a, as figuras retratadas também não interagem com aquele/a que olha para a litografia. A litografia então não é certamente nenhum *Stifterbild*.

O/a devoto/a em questão sempre é o/a observador/a. Esse/a observador/a não encontra na litografia impulsos diretos para "orar religiosamente motivado" ou práticas devocionais clássicas (senão de fazer intercessões para o estado do mundo). Nesse sentido, devo concluir que essa litografia também não é um *Andachtsbild* no sentido clássico.

Já que o explícito não ajudou muito, sigo para o implícito. No início dos seus estudos sobre Lutero, Warburg tinha afirmado:

> O manual inexistente "Sobre a escravidão do homem moderno supersticioso" teve que ser precedido por um estudo científico ainda não escrito sobre "O Renascimento da antiguidade demoníaca na era da Reforma Alemã"[55].

E eu acresceria: há também um renascimento da antiguidade demoníaca na passagem da modernidade para modernidade tardia e o Brasil é um excelente campo de pesquisa para isso: "Atenas espera ser de novo, como tantas e tantas vezes, reconquistada de Alexandria". Com outras palavras: em meio à construção da sociedade moderna, manifestaram-se fortes tendências de crenças em demônios, um fenômeno com que não se contava mais. As ciências erraram. A secularização não prevaleceu.

De fato, a nossa litografia é um exemplo de uma religiosidade que procura deixar essa mentalidade para trás. Para enxergar isso, é preciso lembrar que o cartaz de Reihlen tem seus ascendentes que vão até um primeiro protótipo de 1616 criado por Hieronymus Wierix[56]. Esta gravura e todas as suas gravuras e litografias posteriores, basicamente, até a versão de Reihlen, contêm vivas representações de demônios e anjos localizados em frente às entradas para o caminho largo e o caminho estreito, ao longo dos caminhos e nos alvos finais, a boca do inferno e a cidade celestial. Na

---

[55] *"Dem fehlenden Handbuch „Von der Unfreiheit des abergläubigen modernen Menschen" mußte eine gleichfalls noch ungeschriebene wissenschaftliche Untersuchung vorausgehen über: „Die Renaissance der dämonischen Antike im Zeitalter der deutschen Reformation""* (Warburg, 1932b, p. 490; 2010, p. 426).

[56] Wierix criou duas versões. A primeira é uma festa da luta de demônios e anjos pelas almas. WIERIX, Hieronymus. *De* **brede em de schale weg**. [*S. l.*], [1600]. 1 gravura. Disponível em: https://www.rijksmuseum.nl/en/collection/RP-P-1898-A-19872. Acesso em: 31 jan. 2024. Mas é a segunda versão que define a composição até a obra de Reihlen. Disponível em: https://geheugen.delpher.nl/nl/geheugen/view?identifier=BVB01%3A-VOORLOPIG25PK. Acesso em: 31 jan. 2024. Confere-se a redução radical de referências a demônios e anjos. O que prevalece quase inalterado é o símbolo da boca do inferno. Veja também as seguintes versões: KIS, Cannstatt [**Gravura colorida a mão**]. [*S. l.*], [1800]. 1 gravura. Disponível em: https://www.wkgo.de/medien/Themen/16.%20Inv.00.037.jpg. Acesso em: 31 jan. 2024. LING, Johann Evangelist. **Ulm**. [*S. l.*], [1840]. 1 litografia. Disponível em: https://www.wkgo.de/medien/Themen/11.%20Inv. 92.255.jpg. Acesso em: 31 jan. 2024. BERGEMANN, F. W. **Neuruppin**. [*S. l.*], [1860]. 1 litografia. Disponível em: https://www.wkgo.de/medien/Themen/ 12.%20Inv.%2092.576.jpg. Acesso em: 31 jan. 2024.

litografia do Reihlen, porém, a esfera de domínios e anjos é explicitamente restrita ao inferno e à cidade celestial. Eles desapareceram das cenas da vida cotidiana por completo. Mesmo que demônios e anjos normalmente não sejam objetos de adoração, sinaliza a sua presença uma certa mentalidade e expectativa religiosa de uma convivência e interação ativa com um mundo sobrenatural considerado presente e poderoso. Demônios precisam ser contidos; anjos, entendidos. Reihlen transformou de certo modo o antigo *Andachtsbild* e seu apelo para submissão ao mundo sobrenatural, somente controlado por Deus, mas habitado pelo mal personificado por demônios, procurando socorro divino, em um *Andenkbild*. Aqui a peregrinação passa por decisões religiosas contínuas que sempre são, em primeiro lugar, decisões éticas em busca de uma vida moral consistente, para garantir uma vida significativa.

Muitas pessoas leram o cartaz de Reihlen, entretanto, como uma narrativa meramente moralizante. Isso se deve, em parte, ao fato de que os consensos morais mudaram desde 1861. A luta contra o alcoolismo, contra a perda das ferramentas de trabalho para o penhor, contra a prostituição como modo de "emprego", contra a queima de poucas reservas familiares para jogo de sorte não era sempre vista como discurso moralista, mas como preocupação com uma vida social ou em sociedade em perigo. Onde essa dimensão existencial e social é despercebida, o preconceito do moralismo faz a festa. Consensos considerados antiquados são facilmente vistos como moralizantes. Dessa forma, ignora-se facilmente que na mesma litografia encontramos afirmações ainda populares como contra o abuso de animais, contra a violência contra a mulher, contra a escravatura e contra o militarismo; positivamente, há uma projeção de uma vida moral ideal enquanto se visitam presos e doentes, vestem-se e alimentam-se os/as necessitados/as e acolhem-se os/as sem-teto. Isso é uma agenda moral que requer ética, requer viver fora da caixa da moral estabelecida, requer tomar decisões para conduzir seus passos. Como se pronuncia um mundo militarista contra o militarismo? Como se cuida de necessitados/as em um mundo que os/as culpa pela sua condição chamando-os/as preguiçosos/as? Como se fala contra a escravidão em meio a um país que estava procurando criar um império colonial (Alemanha) ou que estava quase no auge da sua expansão colonial (Inglaterra)? Isso são perguntas éticas. A moral da época não dava conta desses desafios, ou por compactar abertamente com o sistema, ou por ignorá-lo e conduzir a pessoa religiosa para um mundo paralelo. O cartaz de Reihlen, aparentemente, conduz para observar, pensar, refletir e optar para um caminhar diferenciado, a partir de uma reflexão ética. Em tudo, sem dúvida, transparece também afeto, em especial na descrição proposital do caminho estreito que foca o cuidado "completo" do próximo. Trata-se de atos considerados "certos", que respondem a uma obrigação cultural ou social, se não religiosa.

Olhando assim, o cartaz, junto ao seu observador ou a sua observadora, forma tanto um *Andachtsraum* como um *Denkraum*, apesar de parecer mais um *Denkbild* do que um *Andachtsbild*. Além disso, articula, parcialmente, os perigos da vida urbana para pessoas subalternas sem capital e as suas necessidades extremas de abrigo, vestimenta, alimentação e as ameaças de ficarem doentes, grávidas ou até presas. Ao mesmo tempo, articula os medos da classe burguesa de perder seu estado alcançado. Mas, também, é correto que as respostas filantrópicas apresentadas não são indicadoras de uma mudança profunda, ou do questionamento de sistemas capitalistas e colonialistas, estejam eles no seu início ou em pleno vigor.

Considerações finais

Procurei favorecer a concepção warburguiana do *Denkraum* pela criação da concepção do *Andenkbild*, e acabei por concluir que a concepção do *Andachtsraum* e do *Andachtsbild* integra mais as concepções do *Denkraum* e do *Andenkbild* do que o inverso. Finalmente, favoreci a ideia da combinação. Vistas juntas, *Andachts* e *Denkraum* oferecem uma leitura ampliada da função da arte religiosa que vai além da compreensão popular de uma função devocional. Trata-se da arte religiosa com um meio de autorreflexão, de lidar com seus medos e suas fobias, mas também um espaço para um posicionamento ético, induzido pelo apelo para uma vida que passa por escolhas contínuas, sob consideração do afeto. Isso se aplica certamente à obra de Reihlen, pela ampla ausência de elementos formais e visuais que se espera de um *Andachtsbild* e que são chaves para um uso devocional comum.

Por outro lado, olhando e estudando essa litografia *andächtig*, ou seja, com dedicação, acresça a linguagem visual e textual do cartaz uma dimensão profundamente religiosa enquanto se relacionam significado e verdade moral com o afeto que procura estabelecer e manter vínculos com pessoas reais. Sem a misericórdia ao lado da justiça, não existe melhor ou pior, certo ou errado no sentido mais profundo, no sentido religioso. Se o *Denkraum* protege o mero *Andachtsraum* de ser inundado pelas fobias, o *Andachtsraum* preserve o *Denkraum* do esvaziamento do afeto.

Mesmo que se trate, no caso da litografia de Charlotte Reihlen, de uma obra protestante, aplicam-se diversas observações também a obras católicas, começando com a segunda gravura, *De brede em de schmalle weg*, de Hieronymus Wierix, de 1616, criador da composição dos dois caminhos ainda usada por Reihlen, e artista da Reforma Católica.

Referências

KANY, Roland. **Mnemosyne als Programm**: Geschichte, Erinnerung und die Andacht zum Unbedeutenden im Werk von Usener, Warburg und Benjamin. Tübingen: Niemeyer, 1987.

OLLENDORFF, Oscar. **Andacht in der Malerei**: Beiträge zur Psychologie der Grossmeister. Leipzig: J. Zeitler, 1912. [DAC 2250].

OLLENDORFF, Oscar. **Liebe in der Malerei**: Beiträge zur Psychologie der Grossmeister. Leipzig: Dietriche Verlagsbuchhandlung, 1926. [DAC 2250].

PANOFSKY, Erwin. "Imago pietatis": Ein Beitrag zur Typengeschichte des "Schmerzensmanns" und der "Maria Mediatrix". *In*: FRIEDLÄNDER, Max Jacob. **Festschrift für Max Jakob Friedländer**. Zum 60. Geburtstage. Leipzig 1927. S. 261-308.

PANOFSKY, Erwin. Signum Triciput: ein hellenishtisches Kultsymbol in der Kunst der Renaisance. *In*: PANOFSKY, Erwin. **Hercules am Scheidewege und andere antike Bildstoffe in der neueren Kunst**. Berlin: Gebr. Mann Verlag, 1997.

RENDERS, Helmut. "You live and do me nothing" (Aby Warburg): dance of death, Vanitas, and covid 19 representations and the mastery of the indomitable. *In*: ERBELE-KÜSTER, Dorothea; KÜSTER, Volker (ed.). **Between pandemonium and pandemethics**: responses to Covid-19 in Theology and religions. Leipizig: Evangelische Verlagsanstalt Leipzig, 2022. p. 85-99.

RÖSCH, Perdita. **Aby Warburg**. Paderborn: Wilhelm Fink, 2010.

SCHADE, Karl. **Andachtsbild**: die Geschichte eines kunsthistorischen Begriffs. Weimar: Verlag der Datenbank für Geisteswissenschaften Weimar, 1996.

TREML, Martin; WEIGEL, Siegrid; LADWIG, Perdita (ed.). **Aby Warburg Werke in einem Band**. Auf der Grundlage der Manuskripte und Handexemplare. Berlin: Suhrkamp, 2018.

USENER, Hermann. **Götternamen**. Versuch einer Lehre von der religiösen Begriffsbildung. Bonn: F. Cohen, 1896.

WARBURG, Aby M. **Carta para Mary Warburg do dia 11 de abr.** 1910.

WARBURG, Aby M. **Gesammelte Schriften**. Die Erneuerung der heidnischen Antike. Kulturwissenschaftliche Beiträge zur Geschichte der europäischen Renaissance. Herausgegeben von der Bibliothek Warburg. Getrud Bing (ed.). Leipzig; Berlin: B. G. Teubner, 1932a. v. 1. Disponível em: http://visualiseur.bnf. fr/ark:/12148/bpt6k922852. Acesso em: 24 jan. 2024.

WARBURG, Aby M. **Gesammelte Schriften**. Die Erneuerung der heidnischen Antike. Kulturwissenschaftliche Beiträge zur Geschichte der europäischen Renaissance. Herausgegeben von der Bibliothek Warburg. Getrud Bing (ed.). Leipzig; Berlin: B. G. Teubner, 1932b. v. 2. Disponível em: https://gallica.bnf.fr/ark:/12148/ bpt6k92284q.r=Aby%20Moritz%20Warburg%20Gesammelte?rk=42918;4. Acesso em: 24 jan. 2024.

WARBURG, Aby M. **Gesammelte Schriften**. Herausgegeben von der Bibliothek Warburg. Edição: Getrud Bing. Leipzig; Berlin: B. G. Teubner, 1932c. v. 1.

WARBURG, Aby M. **Histórias de fantasma para gente grande**: escritos, esboços e conferências. Organização de Leopoldo Waizbort. Tradução de Lenin Bicudo Bárbara. São Paulo: Companhia das Letras, 2010.

WEDEPOHL, Claudia. „Agitationsmittel für die Bearbeitung der Ungelehrten"_ Wahrburgs Reformationsstudien zwischen Kriegsbeobachtung, histoirsch-kritischer Forschung und Verfolgungswahn. *In*: KORFF, Gottfried. **Aby Warburg und der Aberglaube im Ersten Weltkrieg**. Tübingen: Tübinger Vereinigung für Volkskunde, 2007. p. 325-368.

WEDEPOHL, Claudia. Da fórmula de patos ao atlas da linguagem dos gestos. *In*: SERVA, Leão; BAITELLO JR. Norval (ed.). **A fórmula da paixão de Aby Warburg e sobre ele**: três fragmento inéditos e ensaios críticos. São Paulo: Educ, 2022. p. 22-52.

WEDEPOHL, Claudia. Mnemonics, mneme and mnemosyne: Aby Warburg's theory of memory. **Bruniana & Campanelliana**: Ricerche Filosofiche e Materiali Storico-Testuali, Pisa; Roma, anno 20, n. 2, p. 385-402, genn. 2014a.

WEDEPOHL, Claudia. Pathos – Polarität – Distanz – Denkraum: eine archivarische Spurensuche. *In*: TREML, Martin; FLACH, Sabine; SCHNEIDER, Pablo (ed.).

Warburgs Denkraum: Formen, Motive, Materialien. München: Wilhelm Fink, 2014b. p. 17-50.

WEIGEL, Sigrid. The epistemic advantage of self-analysis for cultural-historical insights: the variants of Warburg's manuscripts on his Indian journey. **Modos**: Revista de História da Arte, Campinas, v. 4, n. 3, p. 386-404, set. 2020. DOI 10.24978/mod.v4i3.4794. Disponível em: https://www.publionline.iar.unicamp.br/index.php/mod/article/view/4794. Acesso em: 17 fev. 2025.

ZUMBUSCH, Cornelia. Besonnenheit. Warburgs Denkraum als antipathisches Verfahren. *In*: TREML, Martin; FLACH, Sabine; SCHNEIDER, Pablo (ed.). **Warburgs Denkraum**: Formen, Motive, Materialien. München: Wilhelm Fink, 2014. p. 243-258.

ADÉLIA PRADO: QUANDO A POETA CONVIDOU-ME PARA O SEU COTIDIANO

Rosineide de Aquino Oliveira

Preâmbulo: minha sala de espera

Mesmo com medo escrevo [...] parece sonho.
(Adélia Prado)

O presente texto é um recorte de um trabalho acadêmico que representa o resultado de um estudo de dois anos realizado no âmbito do Programa de Pesquisa de Pós-Graduação em Ciências da Religião da Universidade do Estado do Pará. Faz parte de notas introdutórias, uma espécie de memorial, que chamei de preâmbulo, sob o título "Minha sala de espera", os motivos de pesquisar sobre a poeta nortearam o lócus em que se inseriu a pesquisa. O enfoque consiste na compreensão do percurso hermenêutico em Adélia Prado como fronteira da expressão artística e do sagrado, no qual o fenômeno da poesia é explorado, especificamente, no contexto da dicção verbal da poeta. Para tanto, a pesquisa foi projetada no início do período em que as pessoas passavam por profundas mudanças de ordem espiritual e de incertezas sobre a finitude do viver ou de perder a esperança na própria vida real, não por escolha, mas por estarmos no contexto pandêmico da Covid-19. Tendo em vista o contexto da não convivência social, acometeu-me um sentimento de distanciamento em relação aos encontros presenciais de experiência humana com o outro.

Diante disso, buscou-se pela compreensão de como passaria por esse temoroso processo que causava inúmeras perdas de vidas pelo mundo afora, e sem muito entender o adoecimento real, já que a crise do meu espírito era e foi uma rotina latente com perguntas do tipo "Como passarei por esse vale? E se eu for acometida por esse ser desconhecido? Como buscar a cura antes mesmo do adoecimento?", não é o meu propósito aqui dizer que encontrei as respostas mais precisas como solução para algo que não escolhi viver, todavia é importante dizer que, em situações de medo, não devemos perder a esperança, mas transcender a realidade em uma vida repleta de sentidos, apesar das dificuldades.

Então, o alimento necessário por meio da arte como qualidade de vida para estar naquele assombroso contexto; passar além do vale e mudar o percurso para um outro caminho fez-me pousar entre os ditos da poesia na voz da poeta mineira Adélia Prado, a qual já fazia parte das minhas preferências de leitura artístico-literária. Esse sonho antigo e adormecido foi acordado pelo desejo de não morrer para a vida, não pela finitude de minha existência na Terra. Afinal das contas, todo mundo quer viver! A mim, o sentido está para além das condições do corpo, está no essencial da realidade que se revela, e como fazer isto se não pela arte poética? Arte é arte; literatura é arte no seu sentido pleno de ser, por esta razão, apresenta autonomia, modula e transforma vidas para aqueles que são atingidos por ela no processo de cura espiritual, quando nos move a ressignificar a nossa vivência no mundo. Se redescobrir foi preciso, curar-se antes do adoecimento, mais ainda foi quando me lancei à leitura dos poemas, das inúmeras entrevistas concedidas por Adélia Prado, e assisti a muitos vídeos do canal do YouTube, porém não foi uma obrigação para quem se lança numa pesquisa para uma escrita acadêmica, era anterior a isso; começava na minha "sala de espera" entre um alimento e outro, a fome crescia, e nessa espera não levava à boca comida para o corpo, mas o pão para o espírito: A POESIA!

Uma jornada da vida em obra: sou poeta!

> A mim que desde a infância venho vindo
> como se o meu destino
> fosse o exato destino de uma estrela.
> (Adélia Prado)

A epígrafe proporciona uma entrada poética e sugestiva para falar um pouco da trajetória da poeta[57] Adélia Prado, quem dispensa qualquer tipo de apresentação, mas é importante destacar: cuja jornada pessoal e literária é marcada por acontecimentos que se refletem de forma significativa em sua obra artística. De modo a não ser muito exaustivo, escrevo sobre a poeta através da arte que me alimentou durante o contexto pandêmico. Inicia-se com a personagem infantil Carmela, que lembra aqueles nomes antigos, como um monte, mas cheio de história e significado, assim como

---

[57] Adélia Prado mantém-se fiel à sua convicção de ser poeta e podemos constatar em diversas entrevistas a que assistimos que concebe o seu ato criador sendo masculino. Para tanto, optou-se pelo uso de "poeta" como alteridade de Adélia Prado, o que nos lembra a poetisa Cecília Meireles: "Não sou alegre nem sou triste, sou poeta".

o de Adélia Prado. Na sua sina de ser poeta, é mulher que transcende o tempo e que, por meio de suas palavras, emerge de "uma terceira via" quando nos desloca para um outro lugar carregado de emoções e reflexões tal como quando folheamos páginas de um velho álbum de família; assim um livro: poema à prosa, uma história de vida.

Fui presenteada em suas criações literárias com uma mina de palavras, de onde a nascente do seu lirismo busca todos os cacos que encontrei como pequenos pedaços de nós mesmos para realizar a colagem do mundo. Assim, a história começa...

> Eu me chamo Carmela. É um nome que não se usa mais, um nome antigo. Quando eu nasci, os nomes das meninas era Luzia, Conceição, Clotilde, Rita, Aparecida e Ana. Ângela foi um nome diferente que apareceu. Queria muito me chamar Ângela ou Lucinha. Lucinha quer dizer luz pequenina. Não é lindo? Nossos pais escolhem para nós os nomes mais bonitos. (Prado, 2018, p. 5).

Essa busca para encontrar nomes mais bonitos pode ser compreendida também como a procura de uma identidade da autora atrelada à sua vida pessoal, uma forma de iluminar a si mesma e ao mundo para quem já nasceu solar e brilha. Falar por meio da escrita sobre a vida de alguém é delicado — não é uma das tarefas mais fáceis —, mas, para não parecer importuno como um ato falho de invasão de privacidade, faz-se necessário pedir "com licença" e ouvir a poeta por meio de sua dicção que lhe é própria para aquilo que precisa ser dito; por ela, de sua obra e sobre alguns fatos que a permeiam, para que tenhamos uma vivência de leitura permissiva à compreensão de como o sagrado é convocado em sua poesia.

Sem a pretensão de escrever uma biografia — como a retomada de um gênero híbrido —, o qual demanda mais que uma pesquisa; seria um novelo infinito que se soltaria descarrilhado ao mesmo tempo que se perderia no labirinto, porque está entre nós a maior voz poética deste século, no Brasil: Adélia Luzia Prado de Freitas.

> Eu sou filha de ferroviário e mãe do lar, que ficava em casa. A minha experiência de infância foi a que é comum em uma cidade do interior de Minas: uma educação muito rígida e muito doutrinária do ponto de vista moral e religioso. Mas fui salva dessa rigidez – que é, de certa forma, de natureza religiosa – pela poesia e pela beleza do culto da liturgia. Quer dizer, a religião é severa, mas é bela. Também tive graças

a Deus, uma infância feliz, com pais bravos e severos, mas amorosos. Todo esse contexto familiar, religioso e escolar me dá até hoje material de recordação. (Prado, 1991, p. 5).

De forma tal e sem parecer um romance, pois estamos diante de um texto acadêmico — não é de Carmela de quem falamos —, embora não falemos da prosa de onde saiu a personagem em questão, mas de sua criadora; antes de pegar sua "Bagagem" aos 40 anos, far-se-á um salto para o ano de 1934, do qual, no encontro de duas vidas, se fez celebração. Casam-se em Divinópolis João do Prado Filho e Ana Clotilde Côrrea. Ambos "de uma escolaridade primária, de uma família realmente pobre..."

O pai, ferreiro de profissão, trabalhava como ferroviário:

> Foi quando o trem passou
> Uma grande composição
> Levando óleo inflável.
> Me lembrei de meu pai
> Corrompendo a palavra
> Que usava só pra trens,
> Dizendo 'cumpusição'.
> O último vagão na curva
> e passa o pobre friorento
> de blusa nova ganhada.
> [...] Divinópolis
> (Prado, 2019, p. 386).

A mãe, dona de casa:

> [...]
> Milho, pó de café, sabão,
> minha pobre mãe me preparou pra vida,
> este vale de lágrimas.
> Vale de lágrimas!
> Que palavra estupenda!
> Assim diria, se soubesse,
> em toda língua humana conhecida,
> vale de lágrimas!
> [...] Silabaçã
> (Prado, 2019, p. 261).

Sem nunca ter sido biografada por um especialista, e nem precisasse, Adélia sempre faz questão de dizer "sou filha mais velha de oito irmãos", "nasci à beira da linha do trem". Sua arte, que é a literatura, constitui um "sistema vivo" de obras pelo qual conta sua história, quando atua uma sobre as outras e sobre aqueles a quem chamamos de leitores e/ou ouvintes, os sedentos de sede e fome para se alimentarem de arte; quando o fazemos, buscamos nos poemas e nas narrativas poéticas para decifrá-las a partir de como percebem a vida no cotidiano.

Em 13 de dezembro de 1935, nascia em Divinópolis, sob influência das características de sua cidade, uma visão de mundo quase medieval de onde "no oeste de Minas tem um canavial, onde as folhas se roçam ásperas, ásperas as folhas da cana-doce roçam-se", mas que crescia e aprendia como se fossem "os lírios do campo, como crescem". O que há de bom, e o que de maravilhoso está em seu lugar, não se refere, portanto, ao lugar geográfico, mas sim ao lugar simbólico que assume o papel da cidade simbólica onde passou sua infância e foi criada sob os olhares de seus pais. Nasceu em uma família de poucos recursos materiais, mas, assim, muito rica do ponto de vista de relacionamento familiar, humano, uma família muito afetiva; ao tomar conhecimento desses fatos sobre a poeta Adélia, compreendia cada vez mais a necessidade de estar entre os meus.

Quando adolescente começou a escrever alguma coisa — por volta dos 14 anos, prestes a fazer 15, percebeu que se encaminharia para a poesia, porém sofreu com a primeira perda em sua vida, a morte de sua mãe. O ano era 1950, cursava o último ano do ginasial, e, nessa fase de perda e transição de quase metamorfose pela qual passou, adolescente, necessitou assumir as tarefas da casa e os cuidados dos irmãos pequenos. Uma vez mais adentrei um tema como a morte, nada distante no período da pandemia.

Sob os manuscritos originais enviados por Adélia Prado para o crítico literário Affonso Romano de Sant'Anna, que os submete à apreciação do poeta Carlos Drummond de Andrade, no início dos anos 70, uma espécie de batismo das palavras — bênção literária concedida à sua conterrânea, até então desconhecida no cenário literário brasileiro. Chegou a vez da poeta mineira de Divinópolis, que, "nascida à beira-da-linha do trem de ferro", tem a sua vida transformada; quando apresentada em notas por Drummond em sua crônica no *Jornal do Brasil*, acontece a sagração da poeta — bíblica e existencial.

> Adélia é lírica, bíblica, existencial, faz poesia como faz bom tempo: esta é a lei, não dos homens, mas de Deus. Adélia é fogo, fogo de Deus em Divinópolis. Como é que eu posso demonstrar Adélia, se ela ainda está inédita. E só uns poucos

do país literário sabem da existência desta grande poeta mulher à beira da linha? (Cadernos de Literatura Brasileira, 2009, p. 5).

Dada a breve apresentação, em 1976, na fecunda fase da terceira geração literária do Modernismo brasileiro, por volta dos seus 40 anos de idade, "mulher do povo, mãe de filhos, requintada e como uma dama esquisita", Adélia Prado testemunha aquilo que seria o marco da sua carreira; ocorrera, então, no Rio de Janeiro, o lançamento da sua primeira obra literária sob o título de *Bagagem,* na qual chama atenção a epígrafe que imita o "Cântico das criaturas", de São Francisco de Assis, para quem a poeta agradece a dádiva da publicação, além da primeira parte do livro *O modo poético,* que traz como elemento paratextual a referência do texto bíblico do Salmo 126. A partir deste livro, a poesia adeliana torna-se conhecida no cenário nacional, seus poemas apresentam as singularidades e os vestígios do cotidiano da vida simples. Por fim, a seu modo, Adélia Prado pede "Com licença poética" aos poetas para escrever a sua história "no Mundo vasto mundo" como um capítulo à parte da Literatura Brasileira.

A poesia como experiência da arte de dizer

A poesia é uma manifestação do espírito,
é uma pura revelação do ser.
(Adélia Prado)

Ao perceber a possibilidade de um estudo voltado a temas sobre religiosidade na poesia através da Literatura, que, por meio dos poetas e autores, conversavam comigo durante minha adolescência, através de jornais e dos livros da escola, além de outros que pude adquirir. Trata-se, aqui, de uma experiência pessoal de alguém que não sabia explicar os conflitos (internos e externos) ligados a uma vida religiosa, a mim apresentada no contexto familiar.

Destas primeiras linhas, convido você, caro leitor, a seguir o itinerário dessa experiência para a qual não me faltou vontade e "fôlego", nem nos piores momentos, cuja incerteza e cuja dúvida me fizeram às vezes emaranhar as ideias. Sem mais espera, cito alguns nomes que me inquietaram quando conversávamos a sós — como o de Guimarães Rosa, a quem sempre recorri procurando "a margem do rio" na estante de minha madrinha. Diante de Alphonsus de Guimaraens, "mais uma vez eu vi que não me achava só" e isso era assustador. Com João Cabral de Melo Neto, vi meu lado árido e seco, diferentemente da minha ilha amazônica; até descobri há pouco tempo o sagrado que dele explode, assim "a paisagem muda, a vegetação é diferente", aos poucos eu também mudava...

Enquanto não chega o meu sonho estrelar, "clariceando" comia pedacinhos de papel com a mesma fome de Macabéa, então notei quão estranho é o mundo; os contrários cruzam sempre o nosso caminho, ora alegre, ora triste, e com Cecília Meireles persistia em mim algo com o qual me conectava com o diferente, "mas não consegui entender ainda qual é melhor: se é isto ou aquilo". Não é o caso de discutir sobre qual é o melhor do panteão divino, pois no meu "país de memória" há outros — nele cabem "os rejuvenescidos olhos" de Max Martins, que me fizeram ver "lado a lado as duas montanhas". Mas como pensar o diferente? Eu precisava desemaranhar as ideias, porque eu quis sair um pouco da minha ilha e da "rua molhada", e nessa busca a "quase porta" pedia abertura para que eu pudesse conhecer outros espaços além do meu rio.

A mudança aconteceu; o "olhar literário" meramente didático do poema e seu estilo mudou e concedeu lugar para outros assuntos, com eles quis compreender como era possível ver religião na poesia, isto é, para além das mensagens da superfície do texto, pois o implícito da linguagem poética me consumia, visto que resultaria em ganhos literários para construir esse novo entendimento: como a expressão do sagrado se manifestaria pelas mãos e do cantar da poeta Adélia Prado?

Assim, não foi diferente quando comecei a "perseguir" — não sou "*stalker*" —, mas alguém com fome que busca se alimentar de poesia; dessa busca, "conheci" Adélia Prado através da leitura da obra em prosa: "O homem da mão seca". Essa curiosidade e perseguição era seu terceiro trabalho literário publicado em 1994, mas de qual ilha me falava? Curioso notar que não comecei pelos poemas, porém, nebriada por essa narrativa, quis conversar mais com essa autora, que falava de amor às paixões do mundo, do erótico ao sentimento religioso, do feminino denso à maternidade, do real como quem falava "da vida como ela" — sem lembrar Nelson Rodrigues —, mas de outros que também cantaram sobre o sofrimento dos que perdem, pelo que passam e os atinge "nem sabem o quê".

Tão logo passei a ler alguns de seus poemas em uma época difícil para alcançar livros de poesia em Belém, pelo menos para mim "foi assim", quase uma raridade, a não ser que procurasse por eles entre bibliotecas públicas ou aguardasse que viessem ao meu encontro por intermédio da livraria Jinkings, já extinta. Há muitas coisas sobre as quais poderia dizer, afinal espero de você, leitor, que ao ler compreenda as razões pelas quais escrevo ou que discorde; quanto a isto não há problema, mas ninguém parte do nada. Sobre quem me proponho a falar não me é desconhecido, muito embora, a cada repetição de leitura, uma outra experiência me ocorra; tão logo, nossa aproximação se deu em 2011 por meio das aulas de Literatura que lecionei nas escolas por onde passei e "sigo a sina". No entanto, a perda da palavra encantada com quem compartilhamos da leitura definha e entristece um pouco no ofício, quando não o cansaço e aulas muitas para sobreviver nos colocam em penúria e crises de sentimentos dos quais identificamos a possibilidade da compreensão diante de um ou outro mundo; não é do além do qual falo, mas sim deste, o texto seja qual for, o acadêmico é escolha; se poético, então, ajuda-nos na compreensão de si, do outro e do mundo através daquele que nos falou.

"Ora, direis. Ora digo eu. Ora, ora. Não quero contar histórias", mas, como diz a poeta, há "coisas que pedem expressão". E numa segunda-feira, dia 8 de fevereiro de 2021, por volta das 17h08, lá eu estava à espera da "minha sala" sem porta para a entrevista, e, após um "boa-tarde!", um "professor doutor" me perguntou: "O que a traz aqui?" E depois...: "Fale-me do seu projeto". A minha voz, tão trêmula, quase foi consumida pelo silêncio da casa. Como assim "casa"? Sim, estava em casa porque a pandemia da Covid-19 que acometia o mundo no ano de 2020 prosseguia com força desigual e exigia que assim fosse, por isso a entrevista do processo seletivo daquele ano fora na "quase" sala. Quanto ao resto, não me cabe dizer, senão você não estaria lendo estas memórias.

A vida segue o percurso e sobrevivi à pandemia! Fui aprovada para o mestrado de Ciências da Religião nesta instituição de ensino superior (Uepa), sob a linha de pesquisa Linguagens da Religião... Uma festiva alegria de retomar meus estudos! Assim, recomecei um "jeito novo" e diferente de estudar, pesquisar, assistir à aula pelo ecrã do notebook, viajar sem sair de casa para participar de eventos acadêmicos para comunicar "daqui coisas de lá" das Minas Gerais que estão em poesias, mas que são comuns à vida humana.

A pesquisa em Ciências da Religião se revelou desafiadora como uma sobrevivente e professora curiosa com inclinação para leitura de poemas e histórias humanas. Cumpriram-se as demandas acadêmicas entre o ir e o vir de toda sorte no que enfrentei durante o processo, permitindo-me ampliar minha visão sobre do que um dia pensei significar a verdade e compreender o papel da religião de um jeito novo. Esse novo entendimento foi enriquecido ao acessar as manifestações artísticas por meio da dicção e fala de uma poeta viva, que também experimentou o estar no mundo durante a pandemia.

Os desafios surgiram de diversas fontes, incluindo a percepção de que a religião era frequentemente entendida como algo confinado a templos ou rituais religiosos sob perspectivas culturais diversas, sendo necessário de minha parte um esforço para além das minhas capacidades físicas, daquele contexto, em que também me encontrava remotamente em atividade laboral. Além disso, o isolamento pandêmico dificultou a interação social com colegas e professores, privando-me da experiência acadêmica de transitar os corredores da universidade.

Em alguma medida, trata-se da percepção de ter vindo da área das Letras, cuja temática relacionada à religião era, à época, timidamente abordada apenas em termos de composição estética e ficcional, tornando desafiador adentrar outras áreas do conhecimento de forma interdisciplinar e transversal. Embora não tivesse uma preconcepção fechada do que pudesse vir a estudar, habitava-me um certo limite à compreensão do fenômeno religioso. No entanto, essa nova jornada expandiu meu horizonte de compreensão sobre religião, permitiu-me enxergá-la para além de minha crença, aumentando mais ainda o meu olhar de alteridade, de reciprocidade e, sobretudo, de princípios éticos em relação ao outro.

Durante o processo, o desconhecido me instigou a buscar a relação entre Religião e Literatura — de tal modo como um determinado aspecto do sagrado seria compreendido ou um dado específico daquilo que eu compreendia, mais que isso, após modular à pesquisa — sob nova perspectiva — que se fez necessário para prosseguir. Então, trago à baila a revelação a respeito do "professor doutor" que se tornou meu orientador, com quem falava sobre minhas aspirações, descobertas, dúvidas e incertezas (inúmeras), entre os diálogos solitários junto aos livros e na escuta da poeta Adélia Prado por meio de instrumentos midiáticos.

Desse modo, as informações foram construídas e fui me saciando entre viver o meu medo ou perpassá-lo. E, antes de qualquer conclusão precipitada, leitor, faz-se necessário dizer, aqui, que o compreendido por mim pela força da palavra que transita, a mudança, foi necessário, isto é, para aquilo que pede um significado diferente do habitual. Logo, mudar era preciso para continuar a ver com o coração e sentir a vida para além da pandemia, que me chegou como um grande estímulo, procurando sempre inspiração para observar o horizonte da originalidade de uma pesquisa científica, sobretudo pelo período que foi tracejada como um plano de texto até a sua real existência. Além disso, precisava de um enfoque humanizador, não para desconstruir nada do que já fora dito, mas para atentar sobre o que diz Adélia Prado, já que ela, a poeta, eu, como leitora-aprendiz, curiosa, embora tímida, pesquisadora de sua poesia.

Nessa perseguição, a qual chamo de pesquisa, queria entender para compreender como a expressão do sagrado sempre esteve presente nela? E quais os motivos fizeram a menina, nascida à beira da linha do trem, atentar para escrever poesia? Teria Adélia Prado uma teoria própria do que é poesia da qual convocaria o sagrado? Perguntas como essas nos possibilitariam desenvolver uma reflexão sobre a potencialidade e a força da expressão do sagrado na discursividade de Adélia Prado, que é um fenômeno da literatura brasileira. Com efeito, diversos registros abrem as portas para o universo poético da poeta, a qual concedeu um extenso número de entrevistas, documentários, suplementos literários, conferências, palestras e as incursões que promovem elucidativas formas do pensamento da poeta com rica contribuição para este e futuros estudos em Ciências da Religião.

Considerações finais

A partir desse amplo espectro de recursos, a abordagem é inspirada por algumas percepções que emergiram da oportunidade de construir arcabouços teóricos, situando a pesquisa na conjuntura de uma hermenêutica que visa estabelecer alguns desses recursos de registro discursivo que nos aproximem da essência da conexão entre poesia e sagrado na voz de Adélia Prado, como um processo de alimento espiritual pela poesia.

Portanto, ao concluir esse projeto de pesquisa, a análise não se restringiu à poesia em si, mas ampliou-se com a possibilidade de incorporar a abordagem de alguns estudiosos e intérpretes que se debruçaram sobre a poética de Adélia Prado. Dessa forma, aspirei compreender como a discursividade poética da poeta constrói uma teoria da expressão do sagrado. Com o fito de quem experimentou a pesquisa e perspectivou não apenas lançar luz sobre o mistério relacionado entre poesia e sagrado para Adélia Prado, mas também desvelar como sua visão única da poesia transcende quando invoca o sagrado para o exercício pleno do espírito humano.

Referências

PRADO, Adélia. Adélia Prado em busca da poesia. [Entrevista cedida a] Carlos Henrique Santiago. **Jornal O Globo**, 3 nov. 1991. Livros, p. 5. Disponível em: https://oglobo.globo.com/acervo/. Acesso em: 15 ago. 2023.

PRADO, Adélia. **Cadernos de literatura brasileira**. Rio de Janeiro: Instituto Moreira Salles, 2000.

PRADO, Adélia. **Poesia reunida**. 5. ed. Rio de Janeiro: Editora Record, 2019.

PRADO, Adélia. **Quando eu era pequena**. Ilustrações de Elisabeth Teixeira. 18. ed. Rio de Janeiro: Galerinha Record, 2018.

HUMOR, MEMÓRIA E O CHICO ANYSIO: "PORQUE SORRIR É SEMPRE O MELHOR REMÉDIO"

Jorge Oscar Santos Miranda

Não se pode trabalhar a frase ou a cena visando à graça.
Tem de visar à crítica, à sátira.
O humor vai ser engraçado onde puder.[58]
(Chico Anysio)

"Bate forte no peito uma saudade / O meu sorriso é especial..." Todo final de uma jornada é cercado por lembranças, sejam elas boas ou ruins, e o importante é tê-las vivenciado na gradação que cabe a cada indivíduo. Nestas páginas apresentadas, elas foram moldadas sob a imperiosidade da vida cotidiana: cumprimento em prazos traduzidos no tempo (nele sempre é depositada uma vida conjugada no "pretérito imperfeito", quando não se consegue acompanhá-lo), entre o saudosismo e o riso em meio aos acontecimentos trágicos acometidos pela pandemia da Covid-19. Esse evento mundial poderia ser considerado motivo suficiente para que ocorresse a inibição de qualquer momento de criação ou, até mesmo, inspiração, haja vista que o pensamento e as mãos, fossem elas escrevendo a punho ou digitando em um computador, tornavam-se pesados diante dos fatos, pois tecer escritos dos mais variados temas imersos nesse contexto requer um exercício de distanciamento para as ideias acontecerem. Para tanto, a decisão de experimentar a paciência e seguir em passos de valsa era o caminho encontrado para um acordo cavalheiresco com o tempo, o compositor de destinos.

Embora o fato histórico seja um potencial registro para estabelecer a temporalidade na qual fora realizada a organização das ideias para elaborar a escrita desta pesquisa, ele não tem relação com as recordações repletas de sentimentos que fazem parte das profundezas infinitas de significados iniciadas na infância e passando pela adolescência de alguém que teve como companhia os livros e a televisão — meios os quais foram

---

[58] Entrevista de Chico Anysio para o site Carta Capital https://www.cartacapital.com.br/cultura/humor-sem-fim/#

pontes de acesso à imagem, à imaginação e ao imaginário. Esses meios, por sua vez, nunca foram interpretados como "vida alienada" de um ser humano em formação.-

Desse modo, o saudosismo transportado para as palavras vem da imagem; a primeira na sala da casa de vovó Raimunda, sentado no sofá, e ela na sua cadeira de balanço, ambos de frente para aparelho de televisão de tubo de 14 polegadas com imagem em preto e branco. Entre um cafezinho com tapioca ou canja, uma jogatina de dominó ou um "ralho", uma prosa e conselhos de vida. Esses eventos tinham um certo caráter meio ritualístico, já que toda semana se repetia à espera da *A Praça é Nossa*, que de vez em quando ela se confundia com *A Praça da Alegria*; certamente, as memórias afetivas da primeira versão do programa ainda estavam presentes, já que foi o contato inicial com o riso televisual.

Na verdade, ambas as versões eram responsáveis por provocar as gargalhadas mais estrondosas de vó Raimunda, bem como fazê-la repetir os bordões dos personagens. Roni Rios, como a "Velha surda"; Ronald Golias, como "Pacífico"; Maria Tereza, como a "Dona Vamércia" (a fofoqueira da praça); Aloísio Ferreira Gomes, como "Canarinho"; e outros agentes do riso daquele entretenimento de massa que faziam aquela "senhorinha" ter um final de noite, aos sábados, alegre.

Tais lembranças são minha *Amarcord*, pois trazem certa essência em fazer a revisitação e o esforço de acionar o olhar de infância sendo adulto, tal como fez Fellini. Essas recordações já transcorreram mais de 30 anos, porém mantêm-se no recôndito, sendo avivadas quando se assiste ao programa ou toca a trilha sonora de abertura "A mesma praça/o mesmo banco/as mesmas flores/no mesmo jardim". São marcas de uma primeira experiência cômica colocadas sob mediação tecnológica, enquanto as que emergem da vida prática do cotidiano sempre se mostraram imperiosas no processo de formação como indivíduo. Os risos que brotaram dessa tecnologia nunca foram artificiais ou efêmeros, embora, entre os críticos, as suspeitas sobre os propósitos da televisão fossem uma constante. O riso fazia parte das realidades múltiplas (dita por Alfred Schutz) que se introduziam, porquanto foi fundamentado nessa experiência e criação continuada do social, as quais sedimentaram as interpretações para a leitura do "mundo da vida cotidiana", mesmo que passasse pelo televisual.

Sendo assim, estabeleceu-se no cotidiano particular a inclinação à temática do humorismo e da comicidade, ainda que não de maneira científica, mas como telespectador que assiste à tela em busca do lúdico, a "distração" necessária para sobrepor a realidade séria da vida que, ao se apresentar, mostra-se atravessada por incongruências, tornando-se objeto do risível aos olhos de qualquer pessoa, em particular uma criança ou adolescente, que pode não ter conhecimento dessas características, mas ri e, através dele, encara o mundo adulto seriamente.

Diante da afável lembrança, a escrita foi sendo tecida ao mesmo tempo que se adentrava ao tema por meio dos "arquivos vivos". Apesar de serem livros e vídeos, estes proporcionaram, em vários momentos, uma viagem, não com a nostalgia de "saudade", cujo sentimento é capaz de provocar espontaneamente uma *ode* que busca enaltecer apenas a qualidade do humor ao compará-lo com o presente. Tal fato ocorreu devido à presença de testemunhas — "pessoas" —, personalidades do mundo humorístico e televisivo, por ora biografadas, que deixaram impressões duradouras. Por meio dessas experiências, estabeleci um diálogo que permitiu a tradução ou, ao menos, a aproximação dessas vivências da realidade.

Assim, surgiu o humorismo de Chico Anysio como estudo sociológico. Embora o humor não esteja entre os temas em destaque ou merecedor de grandes atenções no ordenamento acadêmico, ainda tem quem resista e faça uma "marcação em linha alta", tal como se faz no futebol, quando o time pressiona o outro a fim de encontrar espaços para marcar o "gol" e vencer a partida. Nesse caso, a "marcação", aqui, foi retirar o humorista do "lugar-comum", de sujeito engraçado, contador de piadas na televisão, no qual se apresentou e tornou conhecido na sociedade, para colocá-lo em discussão sob a mesma relevância das investigações de temáticas consideradas "clássicas", "modernas" ou "contemporâneas", como: o capitalismo e suas relações na sociedade; estruturas de poder; religião e cultura; decolonidade; modos de vida de povos indígenas; racismo e processo de desigualdade; Amazônia e sua bacia de sentidos e significados; entre outros. Todas essas temáticas foram referendadas pela academia, carregadas de particularidades observadas por aqueles que se dedicam aos seus estudos.

Desse modo, foi preciso um certo afastamento de tais estudos, até mesmo da "realidade aquosa" na qual me insiro, como o contexto amazônico. No entanto, isso não fez com que desconsiderasse a região na qual exerce, de maneira pedagógica e contínua, uma formação, a priori, como ser humano e, por conseguinte, como pesquisador. O humorismo, como fenômeno social, levou-me a sair dessa localidade, mas não forçadamente, ou motivado por uma aventura pretensiosa nas ciências sociais. Se caso optasse por tal caminho, dificilmente cumpriria a sua relevância na sociedade, virtude essa que deve movimentar toda proposição do conhecimento científico. Entretanto, quando se mostra apenas como satisfação pessoal, incorre a tendência na supressão para qual compromete o exercício de: observar, analisar, comparar, descrever, comunicar e partilhar. São princípios básicos, os quais não podem ser atropelados pela vaidade do pesquisador. Logo, o comportamento diante do objeto aqui analisado foi de um eterno aprendiz e de uma escolha a qual fiz: compreender "o riso brasileiro".

Para tanto, o humor apareceu como ideia a ser explorada, por isso tomou-se nota e registro das reflexões feitas pelos "desbravadores" do tema que antecederam essa incursão. Por meio deles, pude avançar, não de maneira solitária, mas sob a companhia de Francisco Anysio, um sujeito dado às "gracinhas", com a voz capaz de confundir quem o escuta, pois não se sabe quando é um bêbado, uma mulher, uma criança, um idoso, ou um típico imigrante português ou italiano — eram muitas vozes em uma só pessoa. Todavia, esse jeito de modular o som se refere a impressões de um tempo no qual a imagem sonora era produto das relações construídas pela cultura radiofônica, a qual Francisco me apresentou por meio das suas histórias, e a de outros, "engraçadas" da época, os quais também fizeram parte dessa movimentação cultural do país através do rádio. No entanto, a dimensão desse contexto de sonoridades, embora não vivenciada, mas imaginada por meio da dicção daqueles que testemunharam o momento, permitiu "sentir" e "aproximar-se" de como foi esse período de protagonismo do rádio ao considerar o tempo histórico e o meio de comunicação, a televisão, que fez parte do mundo particular que vivenciei.

A verdade é que Francisco Anysio, a mim apresentado através da televisão, já era Chico, "homem de televisão", na figura de um senhor de cabelos e bigode brancos, sentado diante de uma mesa, de frente para um grupo de pessoas que o chamava de "Professor Raimundo". Encontrava-se em uma escola local, por onde, algum dia, todos passaram ou irão passar (nem que seja para comer a merenda), e por meio dela estabelecer processos de socialização; tal lugar é essencial a qualquer indivíduo e isso, de certo modo, não causa estranheza, porém os sujeitos daquela sala de aula sim. Eles entraram em conflito com a imagem de estudantes "convencionais" que a sociedade espera, no entanto traziam a "molecagem" ingênua do ambiente escolar. Embora o espaço educativo apresentado fosse fictício, os acontecimentos corriqueiros a que o "Professor Raimundo Nonato" era submetido em sala de aula representavam parte da realidade, sem o verniz caricatural da vida de um professor.

Todavia, essa função de facilitador do conhecimento que atua na qualidade de mediador do aprendizado foi exibida de maneira a dar protagonismo aos "alunos", nem tão aprendizes. Para um telespectador com o olhar distraído, aquelas pessoas na sala de aula eram jocosas, devido às extravagâncias que ficavam expressas nas falas, nos gestos, nas vestimentas, sobretudo porque subvertiam a hierarquia do professor, que, embora se mostrasse irritado, acabava contagiado pela aparente desordem estabelecida no lugar.

Não obstante, outros poderiam não ver motivos para o riso em toda aquela "confusão pedagógica" e consideravam-nos certa afronta e ofensiva à profissão dos educadores, no entanto o que o responsável pela escolinha, Chico Anysio, colocou ao público foi a oportunidade de um encontro geracional, pois os alunos dessa escola já tinham lastros na comédia nacional. Porém, a passagem do tempo e as prioridades de um país "encantado" com a modernização e suas transformações acabaram por estimular o esquecimento da história, bem como o esvaziamento da memória coletiva, assim como alunos como José Loreto, o "Zé Bonitinho", Antônio Carlos Pires, "Joselino Barbacena", Zezé Macedo, "Dona Bela", Berta Lorran, "Manuela d'Além Mar", Zilda Cardoso, "Catifunda", entre outros que contribuíram para o humor e o imaginário brasileiro quando o sonoro do rádio e o visual do cinema ("chanchadas") eram os mediadores riso.

Para Chico, a *Escolinha do Professor Raimundo*, além de assumir a condição de provocadora do riso, também poderia ser entendida enquanto espaço, ou melhor, apresentava-se como um acontecimento que movimentava as lembranças, por conseguinte, a memória do público, em uma perspectiva de reparação a uma trajetória cultural e social dos artistas decanos do humor, os quais foram colocados à margem da cena artística do país. Logo, um programa como a *Escolinha* se mostrou a alternativa causada pelo esquecimento e seus derivados — o rompimento de relações duradouras. Também, pôde colocar as "novas gerações" de telespectadores em contato com parte da galeria do humorismo nacional:

> [...] a gente sempre está aprendendo com eles, às vezes uma frase do Brandão Filho ensina mais do que um curso de teatro; uma frase do Walter D'Avila, do Grande Otelo. São pessoas que tem muito a ensinar. Eu faço questão de ficar com eles. (Programa Roda Vida, 1990).

Desse jeito, o riso televisual deixou o afável experimento da imagem daqueles senhores e senhoras versados nos gracejos. Por meio deles, o caminho para as províncias infinitas de significados foi sendo construído, com o acesso ocorrendo pelo humorismo, e as veredas para o seu entendimento couberam a Chico Anysio, humorista que, para além das hipérboles proferidas em relação ao trabalho desenvolvido no decorrer de mais 50 anos de carreira, foi o representante de uma "geração do riso" em que o artista era autor, "dono de uma ideologia", ou seja, de um universo criativo.

Em vista disso, o contato com a televisão, ainda garoto, foi imposto ao pesquisador, encontrando o horizonte do humorista Chico Anysio, que forneceu mais do que risos e simples anedotas, tal como uma concepção de humorismo muito particular que pode ser inscrito dentro da criação da linguagem humorística brasileira pontuada em as *Raízes do riso* (Saliba, 2002), embora essa linguagem disponha de uma sintaxe comum a qualquer piada que apresenta particularidade, porquanto somente é permitido traduzi-la quando se insere dentro de um contexto, sobretudo porque depende do aspecto cultural e social, onde os indivíduos desenvolvem suas práticas, como é o caso do brasileiro. Aqui, foi manifestada a tendência a parodiar a vida real, já que o cotidiano que sempre se apresenta aos brasileiros traz inconsistências como fato social que provocam risos (Saliba, 2012).

O humorismo "chiacoanysiano" é brasileiro, não porque o humorista é natural do Ceará ou trabalhou nas maiores estações de rádio (no tempo em que este era o meio de comunicação mais popular) e na principal emissora de tevê do país, a Rede Globo. O seu humorismo possui influência dos elementos contidos na história social brasileira, no entanto sem o tom rebuscado ou dado ao hermetismo, já que a arte cômica tem a capacidade de pavimentar vias para alcançar o entendimento da realidade instituída e instituinte; nesse caso, a ausência de uma identidade autêntica e duradoura no país, o que contribuiu para a segregação e isolamento de parte da população, que não dispunha de espaços públicos, locais que mediassem a participação dos indivíduos, como atesta Elias Thomé Saliba.

Por essa razão, o crédito de um riso brasileiro, o qual o "cearense acariocado" (como de vez em quando se denominava em virtude de ter chegado ainda criança, aos 7 anos de idade, na cidade do Rio de Janeiro) ajudou a construir, tem uma configuração a qual faz parte da representação cômica nacional que surge para "compensar um déficit emocional em relação aos sentidos da história brasileira; ela misturou-se à vida cotidiana, daí a sua constante remissão à ética individual" (Saliba, 2012). Essa composição pertencente ao modo de sociabilidade brasileira se mostrou favorável para o surgimento de momentos e ambientes que compunham o universo do risível; logo, propicia não somente aspectos que burlam as relações cercadas de formalidades e pessoalidades, mas também promove o sentimento de integração na esfera pública, resgatando a sensação de cidadania, algo que a esfera política subtraiu e preferiu colocar a maioria da população na condição de "bestializada" em todo o processo.

Não obstante, o humorista, assim como o poeta, tem a primeira percepção dos acontecimentos através da sua íris. Contudo, ele antecipa o ocorrido e, para tanto, transforma-os em um ato epifânico. A partir da sua perspectiva, o humorista recria a realidade com novos significados, sendo o humor a moldura que se materializa em uma tela — não a dos quadros, mas a do ecrã.

Dessa forma, Chico Anysio, através de sua verve cômica, trouxe à tona a exposição da subtração da cidadania ao público brasileiro. Ele utilizou como linguagem humorística seus "tipos" — personagens que carregavam uma certa responsabilidade de imprimir um riso popular no qual o público pudesse se reconhecer. Ademais, por meio de seu humor, alterou-se o sentido de uma realidade imposta por aqueles que afastaram ou até apagaram o povo do percurso histórico. Por isso, o riso, em sua forma simples e amplamente reconhecida, como a piada, encontrou nesses "seres" criados e interpretados por Chico o instrumento pelo qual ocorreu a inversão de sentidos e a subversão de significados dessa história subtraída.

Portanto, ao expor essa forma humorística, Chico Anysio permitiu "navegar em riso por verdades e belezas escondidas" (Motta, 1978) na sociedade brasileira cercada por contradições, as quais têm como expressão tenaz a desigualdade social e regional, o preconceito racial, as estruturas de poder e autoritarismo, estes últimos de usufruto de poucos em relação à maioria. Isso reforça a "ordem vigente", porém, no fulcro dessas estruturas, há modo de resistir e superá-la. No caso do humor, Chico Anysio proporcionou questioná-las para afrontá-las. Para tanto, colocou seus personagens nos programas televisivos, e, através da dialética extraída deles, um tipo de sociedade era passado à vista, ao contrário, em relação às pessoas que possuem complexidade existencial, os personagens representam a redução destas, mas só que humanas. Por exemplo, o avarento, o político corrupto, o moralista, o religioso canastrão podem corresponder a um permanente pensamento que se revela, que se constrói, desconstrói a partir do movimento que não aponta certezas, entretanto se impõe ao questionar o que aparece como imperativo, capaz de não admitir mudanças na estrutura da sociedade.

É dessa forma, entre o entretenimento dito de "massa" e a função transgressora da comicidade, que o humorismo chiacoanysiano transitou. Não teve como fim somente o riso, mas sim a denúncia do comportamento, bem como a crítica das manifestações de poder que vagam pela sociedade. Por isso, nunca coube dentro da obra de Chico Anysio firmar a ordem panfletária do humor, pois o artista, quando decide "ser aquele que faz vários" personagens, como mencionou, conferiu-lhes aspectos de individuação não do humorista, mas de seres humanos imersos no contexto de experiência e vivência social independentes do autor, entretanto de fácil identificação no cotidiano mais banal da vida. O humorista percebeu que a linguagem poética da qual a comédia faz parte perpassa as vielas da simplicidade; assim sendo, não havia outro lugar para encontrar o seu objeto do risível senão o cotidiano popular brasileiro.

Nesse curso, é por meio desse objeto que os fatos rotineiros de um país díspar, como apontou Chico, "as doenças nacionais", em vez de enunciarem o discurso como sujeito da história, sempre estão comprometidos com uma práxis capaz de promover transformação, convencidos da realidade. Para isso, o humorista buscou observar nas camadas sociais "tipos", os quais têm na essência aspectos comuns presentes em qualquer grupo humano, isto é, aparecem de forma inevitável e, com isso, pincelam no tom de riso uma repreensão aos maus costumes.

Isso é tão cristalizado no dia a dia que, por exemplo, ao frequentar espaços públicos, como um boteco, é provável que se encontre aquele garçom gentil e prestativo que conhece todos os clientes e suas histórias, como o "Quem-Quem". No ambiente familiar e fora dele, encontram-se pais que exercem uma proteção excessiva aos filhos, que aprovam todas as suas ações, assim como faz "Cascata" para o filho "Cascatinha". Há também os que recorrem à ajuda espiritual e procuram o operador de ritual, e pedem conselhos e intervenção, no entanto esquecem que o "milagre" pode acontecer independentemente do almejado, portanto "Véio Zuza" somente escuta as confidências absurdas dos homens.

Em vista disso, o humor que Chico Anysio desenvolveu tem a qualidade de perenidade, assim como toda atividade humorística, entretanto tem nuances em relação a outros artistas e obras de comicidade por aqui produzidos em que tende a seguir dada cronologia, como as chanchadas, que deixaram sua contribuição para a cena cultural do país nos anos 40 e no auge, nos anos 50, ou na dependência de certo meio de comunicação, como o rádio, ou na atualidade, como as mídias sociais [YouTube®, Twitter® (hoje X), Instagram®, TikTok® etc.]. Elas são responsáveis por projetar uma sociedade humorizada que simula relações sociais, tornando as situações da vida mero riso grotesco, volátil, de efemeridades e vazio, já que a comicidade deixa de atuar sobre a rigidez da vida mecânica, não permitindo com que o inesperado e a espontaneidade introduzam o riso humorístico capaz de despertar o pensar. A internet, através das redes sociais, é um espaço suscetível a forjar "humoristas" com imensos talentos, tal qual "Pacheco", personagem de Eça de Queirós em *A correspondência de Fradique Mendes*.

Dificilmente os que optam exclusivamente por essa tendência conseguem capturar a essência do riso brasileiro ou estão propensos a assumir a condição de "Pachecos do riso e do humor", pois incorrem do mesmo destino do personagem de Eça, o qual cabe parafrasear: "não deu nem uma obra, nem uma fundação, nem um livro, nem uma ideia". O "Pacheco do humor" é entre nós superior e ilustre unicamente porque tinha um imenso talento. *Likes* geram engajamento e monetizam, contudo não têm humorismo, tampouco o risível.

Ao contrário disso, o riso brasileiro de Chico Anysio tem assinatura. É atemporal. É autorreferente. É paratextual. É lírico. É poético. Tem uma densidade de vida que está próxima das eventualidades ingênuas dos indivíduos e, para tanto, basta tomar como lupa seus personagens através deles. O mapa do Brasil é ampliado, observando-se a essência de um riso, uma vez que:

> Os personagens de Chico Anysio são a mais pura tradução do Brasil. Do Brasil nordestino do "Pantaleão". Do Brasil carioca do "Azambuja". Do Brasil paulista do "Bexiga". Do Brasil gaúcho da "Salomé". Do Brasil corrupto de "Justo Veríssimo". Mas quem é esse tal Chico Anysio? Será Chico Anysio um mestre como o "Professor Raimundo?" Um ingênuo como "Santelmo?" Tenho pra mim que Chico Anysio é *gay* ("Haroldo"), ou quem sabe machista ("Nazareno"). Há quem diga que é mulher ("Neide de Taubaté"), mas será ele pelo menos engraçado? Acho que esse cara só pode ser maluco ("Tan-Tan"). Se fosse um craque, seria "Coalhada", se fosse poeta, seria "Zelberto", se tivesse nascido em Holly-

wood, seria "Bruce Kane", mas não. Nasceu no Nordeste como "Painho", "Setembrino", "Canavieira". Quando ficar velho, com certeza vai ser "Popó"; se ainda fosse "Jovem", seria o próprio; talvez seja um galã ("Alberto Roberto"), um *"símbalo sexcçual"*. Não, não é isso. Se, pelo menos, ainda fosse *"bunitinho"* (Silva). É do morro. É do rádio. É da tevê. É da Globo. Mas quem é Chico Anysio? É pai coruja ("Cascata"). É muito doido (Tan-Tan). É pão-duro ("Gastão"). É mendigo. É pastor ("Tim Tones"). É profeta. É garçom ("Quem-Quem"). É vampiro ("Bento Carneiro"). É criança. Chico Anysio, simplesmente, é.[59]

Desta feita, inquietações como as mencionadas na citação *supra* surgiram na galeria imaginária da vida, sobretudo quando a linguagem humorística desenvolvida por Chico Anysio "pediu passagem e de tão singular, se torna plural em seus personagens traduz emoções"[60]. Os risos expressam a forma de manifestação dos indivíduos em uma sociedade que vive a construir meios de exclusão. Portanto, seus personagens refletem um recorte da sociedade, logo não trabalhava com hipóteses, e sim, a realidade.

No entanto, percebiam na vida do brasileiro comum formas de sociabilidade engendradas que permitissem escapar da ordem confusa, entremeada de burocracia. Diante disso, em cada "face" criada pelo humorista, era possível assistir a um "jeitinho brasileiro".

Em suma, a pesquisa ora escrita e inscrita sob a perspectiva da sociologia se insere como possibilidade de pensar o fenômeno social do humor mediante a realidade brasileira carregada por incongruências, as quais precisam estar sempre em análise, com o intuito de promover explicações para que se exerça um rito pedagógico para capturar a atenção dos indivíduos e, assim, estabelecer certo processo de compreensão das contradições sociais que persistem na sociedade; algumas possuem mais intensidade, outras, menos, entretanto, independentemente da gradação que possa aparecer, elas correspondem a enclaves que precisam ser colocados com esmero, de modo a não recair na conformidade. Para tal, o humor aparece como fresta, na qual pode realizar tais observações e interpretações da realidade empírica, todavia foi Chico Anysio quem abriu as janelas para perceber que "o humor pode ser tudo, até engraçado" — como dizia o humorista.

---

[59] Texto de Bruno Mazzeo (filho do humorista) para a abertura do documentário "Chico Anysio é..." dirigido por Zelito Vianna, irmão do humorista, exibido no Canal Brasil.

[60] Versos do samba enredo *Faces de Anysio, o eterno Chico. Sorrir é e sempre será o melhor remédio!* Composição para o carnaval de 2020 da Escola de Acadêmicos do Tucuruvi (São Paulo).

Referências

CHICO Anysio é. Direção: Zelito Viana. Rio de Janeiro: Mapa Filmes, 2006. 1 vídeo (54 min) Amazon prime video.

FACES de Anysio, o eterno Chico. Sorrir é e sempre será o melhor remédio! Samba Enredo. Composição: Abílio Jr. / Digo / Edu Borel / Fábio Jelleya / Henrique Barba / JC Castilho / Leonardo Bessa / Myngal / Newtinho / Wlad. Intérprete: Leonardo Bessa. São Paulo: G.R.C.S.E.S Acadêmicos do Tucuruvi, 2020.

MOTTA, Nelson. Acervo **O Globo**, 26 mar. 1978. Caderno de Domingo. Disponível em: https://oglobo.globo.com/acervo. Acesso: 15 maio 2022.

PAVAM, Rosane. Humor sem fim. **Carta Capital**, Rio de Janeiro, 23 mar. 2012. Cultura. Disponível em: https://www.cartacapital.com.br/cultura/humor-sem--fim/#. Acesso em: 5 maio 2018.

RODA Vida. 1990. 1 vídeo (1:32:36). Publicado Canal TV Cultura. Disponível em: https://www.youtube.com/watch?v=r27eNt42heg. Acesso em: 5 jun. 2020.

SALIBA, Elias Thomé. **Raízes do riso**: a representação humorística na história brasileira: da belle époque aos primeiros tempos do rádio. São Paulo: Companhias das Letras, 2002.

SALIBA, Elias Thomé. Entrevista: Elias Saliba contextualiza o humor na sociedade brasileira. **Globo Universidade**. 20 abr. 2012. Disponível em: http://redeglobo.globo.com/globouniversidade/noticia/2012/04/entrevista-elias-saliba-contextualiza-o-humor-na-sociedade-brasileira.html. Acesso em: 21 jan. 2025.

ENTRE GAZA E AUSCHWITZ: RETALHOS PARA QUE A MEMÓRIA NÃO SE PERCA

Katia M. L. Mendonça[61]

Ela envolve explosivos na cintura e se explode.

Não é uma morte e nem um suicídio.

É a forma de Gaza declarar que é digna da vida.

Durante quatro anos a carne de Gaza foi dilacerada em estilhaços que voam em todas as direções.

Não é mágica e não é um milagre.

É a arma de Gaza para se defender e exaurir o inimigo.

Durante quatro anos, o inimigo ficou encantado com os seus sonhos, fascinado pelo seu flerte com o tempo, exceto em Gaza, porque Gaza está longe do seu povo e enfrenta o inimigo. Porque Gaza é uma ilha: cada vez que irrompe – e está sempre em erupção – dilacera a face do inimigo, destrói os seus sonhos e obstrui o seu contentamento com o tempo. Porque o tempo em Gaza é outra coisa: o tempo em Gaza não é um elemento neutro. Gaza não leva as pessoas a uma contemplação fria; em vez disso, ela os impulsiona a entrar em erupção e colidir com a verdade. O tempo ali não conduz as crianças diretamente da infância à velhice, mas faz delas homens no primeiro encontro com o inimigo. O tempo em Gaza não permite que você relaxe; pelo contrário, é um ataque a um meio-dia escaldante porque os valores em Gaza são diferentes. Diferentes. Diferentes. Os únicos valores que uma pessoa ocupada pelo conquistador pode defender são os da resistência à ocupação. Esta é a única competição lá. A familiaridade com estes valores nobres e duros tornou-se uma necessidade em Gaza. Seu povo não adquiriu essa necessidade por meio de livros, ou de breves cursos acadêmicos, ou de trombetas tocando propaganda, ou de canções patrióticas. Somente através da experiência Gaza aprendeu estes valores, e não por ações em prol da imagem ou autopromoção.

Gaza não exibe as suas armas, seu zelo revolucionário ou o seu balanço patrimonial. Ela oferece sua carne amarga; ela segue sua própria vontade e derrama seu sangue.

---

[61] Pesquisa apoiada com Bolsa de Produtividade do CNPq.

Gaza não domina a arte do orador. Gaza não tem garganta. Os poros de sua pele falam de suor, sangue e fogo.

Como resultado, o inimigo a odeia o bastante para matá-la, tem medo o suficiente para cometer crimes e tenta afundá-la no mar, no deserto ou no sangue.

Porém, os seus amigos e familiares amam-na com um sentimento de vergonha que toca o ciúme, ou mesmo o medo, por vezes, porque Gaza é a lição selvagem e o modelo radiante tanto para inimigos como para amigos.

Gaza não é a mais bonita das cidades.

Sua costa não é mais azul que a de outras cidades árabes.

Suas laranjas não são as melhores do Mediterrâneo.

Gaza não é a cidade mais rica.

(Peixes e laranjas e areia e tendas abandonadas pelos ventos, mercadorias contrabandeadas e mãos para alugar).

E Gaza não é a mais refinada das cidades, nem a maior. Mas ela equivale à história de uma nação, porque é a mais repulsiva entre nós aos olhos do inimigo – os mais pobres, os mais desesperados e os mais ferozes. Porque ela é um pesadelo. Porque ela é laranjas que explodem, crianças sem infância, homens idosos sem velhice e mulheres sem desejo. E porque ela é tudo isso, ela é a mais bela entre nós, a mais pura, a mais rica e a mais digna de amor.

Nós somos injustos com ela quando procuramos seus poemas. Não desfiguremos a beleza de Gaza. O mais belo nela é que ela é livre da poesia em um tempo em que muitos de nós tentamos obter a vitória com poemas. Acreditamos em nós mesmos e nos regozijamos quando vimos que o inimigo nos deixou sozinhos para cantar nossas canções enquanto deixávamos a vitória para ele. Quando secamos os poemas dos nossos lábios, vimos que o inimigo já havia construído cidades inteiras, fortes e estradas.

Nós somos injustos em transformar Gaza numa lenda porque acabaremos por odiá-la quando descobrirmos que ela não é mais do que uma cidade pequena e pobre que resiste. E quando perguntamos: "O que a tornou uma lenda?" teremos que quebrar nossos espelhos e chorar se tivermos alguma dignidade, ou amaldiçoá-la se nos recusarmos a nos rebelar contra nós mesmos.

Nós somos injustos em glorificá-la porque o nosso fascínio nos fará esperar por ela. Mas Gaza não virá até nós. Gaza não nos libertará. Gaza não tem cavalos, nem aviões caças, nem varinhas mágicas, nem escritórios nas capitais. Gaza liberta-se dos nossos atributos, da nossa língua e dos seus conquistadores de uma só vez. E quando com ela nos depararmos, uma vez em um sonho, ela pode não nos reconhecer porque nasceu do fogo enquanto nós nascemos da espera e do choro em nossas casas.

É verdade. Gaza tem as suas circunstâncias especiais e as suas próprias tradições revolucionárias.

(Dizemos isso não para dissecar, mas para desintegrar.)

O segredo de Gaza não é nenhum mistério: as suas massas estão unidas na resistência popular. Ela sabe o que quer: afastar o inimigo dos seus cabelos. Em Gaza a relação entre a resistência e as massas é a da carne com os ossos, e não a do professor com o aluno.

Em Gaza, a resistência não se tornou uma posição assalariada. E em Gaza a resistência não se tornou uma instituição.

Ela não aceita supervisão de ninguém e não permite que seu destino dependa do carimbo ou da assinatura de ninguém. Para ela pouco importa se sabemos ou não o seu nome, ou se reconhecemos a sua imagem ou sua capacidade oratória. Ela não acredita que seja fotogênica ou um evento midiático. Ela não se prepara para a câmera com um sorriso estampado no rosto.

Não é isso que ela quer, e não é isso que nós queremos.

A ferida de Gaza não se transformou numa plataforma para oradores. O que há de belo em Gaza é que não falamos muito dela e não perfumamos a fumaça dos seus sonhos com a fragrância feminina das nossas letras.

Assim, Gaza seria uma aposta perdida para os corretores de apostas. E, por esta mesma razão, Gaza é um tesouro moral e espiritual de valor incalculável para todos os árabes. O que é belo em Gaza é que as nossas vozes não chegam até ela. Nada desvia sua atenção. Nada afasta o seu punho da face do inimigo: nem o tipo de Estado palestino que estabeleceremos no lado oriental da Lua, ou no lado ocidental de Júpiter depois de mapeado, ou a distribuição de assentos no Conselho Nacional [Palestino]. Nada desvia sua atenção. Ela é dedicada à rejeição. Fome e rejeição. Sede e rejeição. Dispersão e rejeição. Tortura e rejeição. Cerco e rejeição. Morte e rejeição.

O inimigo pode derrotar Gaza. (O mar tempestuoso pode inundar uma pequena ilha.)

Eles podem cortar todas as suas árvores.

Eles podem quebrar seus ossos.

Eles podem plantar os seus tanques nas barrigas das suas mulheres e crianças, ou podem atirá-las na areia, no mar, no sangue.

Mas:
Gaza não repetirá as mentiras.
Gaza não dirá sim aos conquistadores.
E ela continuará a entrar em erupção.
Não é morte e não é suicídio, é a forma de Gaza anunciar
que é digna da vida.
(*Silêncio pelo bem de Gaza*, Mahmoud Darwish, 2010 [1973],
tradução nossa).

***

À entrada de um dos pavilhões de Auschwitz, encontra-se uma grande placa com a célebre frase de Georges Santayana: "Aqueles que não lembram o passado estão condenados a repeti-lo", porque o mais terrível que pode acontecer à humanidade é a perda de memória. É muito claro que os ocupantes do poder em Israel, há décadas, assim como aqueles que os apoiam, esqueceram a experiência com os nazistas; esqueceram a catástrofe, a *Shoah*, assim como não permitem que os palestinos relembrem a sua própria catástrofe, a *Nakba*, provocada por Israel. A dor dos palestinos é infligida por aqueles cujos pais e avós foram vítimas do nazismo e que perderam a memória da dor e do preceito da Torá: "Não maltratareis nem oprimireis nenhum estrangeiro, pois vós mesmos fostes estrangeiros nas terras do Egito" (Ex 22, 21). E esse movimento de destruição que se inicia com a ocupação israelense da Palestina em 1948 está na base do hoje crescente retorno do movimento nazifascista em um mundo que esqueceu o que foi a Segunda Guerra Mundial. A perda coletiva da memória avança na mesma medida em que avançam a tecnologia e meios de comunicação; algo que Czeslaw Milosz definiu, nos anos 80, como um processo caracterizado por uma "recusa em lembrar", expresso no número considerável de livros negando o Holocausto, o que levou o poeta a perguntar:

[...] se tal insanidade é possível, será impossível uma perda completa de memória como um estado mental permanente? E não apresentaria isso um perigo mais grave do que a engenharia genética ou o envenenamento do ambiente natural? (Milosz, 1980).

Sim! Profeticamente Milosz previu o que ocorre hoje, na segunda década do século XXI.

Não obstante, esta é a era dos testemunhos, para usar a expressão de Annette Wieviorka (2006), que podem, é claro, ser apagados rapidamente na voragem da tecnologia, do espetáculo, da falsificação e da mentira.

Mas, ainda assim, o testemunho vem em socorro da memória destruída, muitas vezes de modo sistemático pelos opressores; ele vem abrir as janelas seja para a rememoração, seja para que as pessoas descubram o que não sabiam, vejam o que não viam, o que estava soterrado pela mentira organizada dos dominadores. O testemunho, tanto em sua feição literária quanto documental, é importante, pois ambas as formas mostram o oculto, o vilipendiado pela mentira. Ainda assim, o testemunho revela o "abismo insuperável entre a experiência da violência e a linguagem que trata de dar conta dela" (Blanes, 2014, p. 17). A tentativa de Mahmoud Darwish para atravessar esse abismo deixou um legado marcado pela dor e humilhações constantes, mas um testemunho do fracasso da humanidade e da destruição da memória. Ele, que foi o poeta nacional da Palestina, aquele que testemunhou o cotidiano de Gaza — este grande *lager* a céu aberto.

Darwish nasceu em 1941, na Palestina sob domínio inglês, no vilarejo de Al-Birweh, depois totalmente destruído por Israel, quando então sua família fugiu para o Líbano, regressando um ano mais tarde, quando ele tinha 6 anos, para viver "ilegalmente", como "refugiado interno", na Palestina sob domínio israelense. Sua família não podia viajar dentro da sua terra natal sem permissão. Nem quando criança ele poderia recitar poemas sobre a catástrofe sofrida pelo seu povo — *Nakba* (a invasão da Palestina pelas tropas de Israel em 1948) — sem "incorrer na ira do governador militar israelense. Depois disso, ele foi obrigado a esconder-se sempre que um oficial israelense aparecia" (Akash; Forché, 2003, p. 12). Ano após ano Darwish migrou, sem autorização, de aldeia em aldeia, foi preso várias vezes pelas forças israelenses até se exilar do país em 1970, vindo a morrer em 2008, nos Estados Unidos, após uma cirurgia cardíaca. Sua poesia é a expressão da dor dos que vivem na Faixa de Gaza. Por trás do gesto da violência — que alimenta a violência — se encontra o desespero de viver sob a brutalidade diária do opressor.

Décadas antes, em 1941, Etty Hillesum — que nasceu em 1914, em Middelburg (Holanda) — começou a escrever seu Diário, que, com suas cartas, compõe um dos mais poderosos testemunhos espirituais daquela época. Em agosto de 1941 ela partiu como voluntária para ajudar os judeus internos em Westerbork. Localizado na fronteira com a Alemanha, Westerbork foi um campo de refugiados judeus que entravam ilegalmente na Holanda. Antes de ser deportada, Hillesum regressou algumas vezes a Amsterdam, uma delas a tempo de acompanhar até a morte Julius Spier, seu amante, que, doente, faleceu em 1942. Retorna, então, a Westerbork, sendo de lá deportada em setembro de 1943, junto com seus familiares, para Auschwitz, vindo a falecer em novembro desse ano.

Hillesum e Darwish são testemunhas da dor diante da barbárie. À primeira vista diferentes, na medida em que a primeira busca o Absoluto e o segundo revela a resistência e a revolta em meio ao desespero. Mas, por isso mesmo, eles são faces de nossa humanidade e dos nossos limites e possibilidades diante da barbárie. Uma aponta para a entrega a Deus; outro, para a luta sem tréguas; ambos falam do coração de cada humano em face do extremo. Qual a importância desses testemunhos hoje? Em um mundo onde cresce a violência de todos contra todos e onde, no momento em que se escreve este ensaio, em 2024, há um genocídio em curso, iniciado em setembro de 2023, em uma resposta desproporcional e calculada à violência do Hamas. Genocídio que começou, é certo, em 1948, perpetrado pelo Estado de Israel contra a população palestina no que é, há décadas, um campo de concentração a céu aberto, a Faixa de Gaza. Como ler, então, Hillesum e Darwish? Seus testemunhos vão muito além da dimensão étnica ou política. Suas vozes falam em nome de todas as vítimas dos assassinatos em massa, dos genocídios e das necropolíticas diversas praticados no mundo. Estamos a falar do humano que "perdeu-se para sempre", para usar a expressão de Hermann Broch quanto ao período nazista, e é em nome desta humanidade que Darwish fala quando assume ter encontrado "uma maior capacidade lírica, uma passagem do relativo ao absoluto, uma abertura para inscrever o nacional dentro do universal, para que a Palestina não se limite à Palestina, mas estabeleça a sua legitimidade estética numa esfera humana mais ampla" (Darwish, 2003, p. 15).

Hillesum, por sua vez, lida com a dor e nos moldes do sentido cristão do "escândalo", marcada bondade e diálogo com Deus em meio à violência nos campos de concentração. Distintamente de Primo Levi ou de Eli Wiesel, seus contemporâneos, entre outros, a atribuição de sentido ao sofrimento foi a arma espiritual de Hillesum, que, de modo desconcertante, dele conseguiu tirar forças (vide Tommasi, 2003). Na verdade, o refúgio no diálogo com o Absoluto se apresenta como elemento mais importante no corpus testemunhal de Hillesum. Nele encontramos a atestação do sentido e da prevalência deste sobre a morte e sobre o nada, porque "a bondade não é somente a resposta ao mal, mas é também a resposta ao sem-sentido" (Ricoeur, 2005). E é esse caminho que ela indica:

IMAGEM, ARTE, ÉTICA E SOCIEDADE: PERCURSOS DE PESQUISA

> Klaas, em realidade só queria te dizer que temos que consertar muitas coisas em nós mesmo, que não podemos ceder ao ódio para com os que chamamos de inimigos. [...] É a única possibilidade Klaas, não vejo outra saída senão aquela em cada um de nós se retire para dentro de si mesmo, extirpe e destrua dentro de si tudo aquilo que conduza à convicção de ter que destruir os outros. Temos que nos convencer que cada chispa de ódio que jogamos no mundo o faz mais inóspito do que já é".
> E Klass, o velho e purulento lutador de classes, disse desconcertado e ao mesmo tempo surpreendido: "Sim, mas isso...Isso seria outra vez o cristianismo!".
> E eu, divertida por tanta confusão, disse mui serenamente: "Sim, e por que não o cristianismo? (Hillesum, 2007, p. 177-178).

É certo, porém, que o horror de Auschwitz/Gaza se infiltra de modo silencioso e sorrateiro na alma das pessoas, em seus corações e mentes, no mundo contemporâneo fazendo com que se questione: onde estão os limites do mal? Quem é bom? Quem é mau? Essas foram questões levantadas pelos que viveram nos campos de concentração (vide Todorov, 1994), como Vassili Grossman, que falará da experiência diante da imponderabilidade do bem e do mal em situações extremas:

> Ele [Tchekov] disse que somos antes de tudo seres humanos; você entende: seres humanos! Ele disse que o principal é que os homens são homens e só depois são bispos, russos, lojistas, tártaros, trabalhadores. Você entende? Os homens são bons ou maus, não como os tártaros ou os ucranianos, os trabalhadores ou os bispos; os homens são iguais porque são homens. (Grossman, 1980, p. 314).

Essa imponderabilidade também está no que Primo Levi descreverá como "zona cinzenta" (Levi, 2002) na qual se encontram todos os homens em sua ambiguidade diante do bem e do mal. No mesmo sentido, Etty Hillesum afirmará que

> [...] a imundície que há nos demais também está em nós, sigo dizendo, e não vejo nenhuma outra solução, a verdade é que não vejo nenhuma outra, além de nos recolhermos em nós mesmos e expulsar de nós esta imundície. [...] Também há em nós verdugos e pessoas más. (Hillesum, 2007, p. 178).

E, na contramão do estimulado pelo fascismo, ela negará a possibilidade de se odiar indiscriminadamente todo um povo ou uma categoria de seres humanos:

E ainda que existisse somente um alemão decente, então valeria a pena se proteger dessa massa completamente selvagem, e por esse único alemão decente já não se poderia verter ódio sobre um povo inteiro. Isto não significa que se adote uma atitude de fraqueza face a determinadas tendências. Se toma uma posição, se fica indignado com certas coisas em momentos concretos, se tenta alcançar algum entendimento, mas esse ódio indiscriminado é o pior que existe. É uma doença da própria alma. O ódio não combina com meu caráter. Se nestes tempos eu chegasse tão longe que pudesse realmente odiar, então minha alma estaria ferida e deveria buscar o mais rápido possível uma cura. (Hillesum, 2007, p. 9).

Como Auschwitz, Gaza faz parte das questões perturbadoras que o mal coloca diante da humanidade, quando a experiência e a simbólica dos *lager* e da barbárie são aberta e despudoradamente retomadas pelos que antes foram vítimas. Simbólica essa que envolve em sua loucura a separação entre os que merecem e os que não merecem viver; que passa a ser incutida, sorrateiramente, nas mentalidades contemporâneas, materializando-se na geografia de países e de cidades. Mas o poeta sabe que tudo passa, que tudo é vaidade...:

Vã vaidade das vaidades... vã
Tudo na terra é efêmero
Os ventos são do norte
os ventos são do sul
O sol nasce sozinho e se põe sozinho
nada é novo
O passado foi ontem
fútil em futilidade
O templo é alto
e o trigo é alto
Se o céu vir abaixo, choverá

e se a terra se levantar, será destruída
Qualquer coisa que ultrapasse seus limites um dia se tornará seu oposto
E a vida na terra é uma sombra de algo que não podemos ver
Vã vaidade das vaidades... vã
Tudo na terra é efêmero. (Darwish, 2017, p. 31).

Mas, assim mesmo e talvez por isso mesmo, pela sua condição efêmera, o humano nunca poderá ser eliminado, como lembra Vassili Grossman:

> Eu te perguntei: como os alemães puderam matar crianças judias nas câmaras de gás e como podem eles continuar a viver depois disso? Seria possível que não existisse um castigo, seja de Deus, ou dos homens? E tu me respondeste: só existe um tipo de castigo para um assassino! Ele não considera sua vítima como um ser humano; assim ele mesmo perde o caráter humano; ele mata o homem nele mesmo. Ele é o seu próprio carrasco. Quanto à sua vítima, mesmo se a mataram, ela permanece para sempre um ser humano. (Grossmann, 1984, p. 121).

Os milhares de palestinos da Faixa de Gaza vêm sendo calculadamente eliminados, há décadas, pelos líderes sionistas israelenses. A *Nakba* continua em curso desde 1948, como diz Ilan Pappé (2008, 2017), o grande historiador israelense do genocídio em Gaza. Hoje sob os holofotes e com o apoio da grande mídia, das grandes potências ocidentais, sob os olhares do mundo, sob as pressões inúteis e vazias de uma ONU que parece ter perdido o sentido de sua existência em meio à barbárie e à indiferença. Hermann Broch na primeira metade do século XX, através de sua literatura testemunhal reflete:

> Mas posso perguntar-me sobre a forma concreta como o mal se apresenta nos nossos tempos. A partir disso, procuro o denominador comum de todos os meus maus atos e encontro minha culpa mais profunda, e mais merecedora de castigo, na indiferença. É a indiferença primitiva, a que atenta contra a própria condição humana, a indiferença ante o sofrimento alheio, consequência da anterior. O homem deixou de ter limites, tornou-se uma imagem flutuante de si mesmo e não vê o próximo. (Broch, 2007, p. 275).

A mesma indiferença que no Apocalipse de São João é simbolizada pelos "mornos" — "mas, como és morno, nem frio nem quente, vou vomitar-te" (Ap 3, 16) — é retomada, a partir da *Nakba* na Palestina, por Darwish no que se mostra uma séria advertência para a humanidade indiferente:

> Outros bárbaros virão. A esposa do imperador será sequestrada. Os tambores baterão alto. Os tambores tocarão para que os cavalos saltem sobre os corpos humanos, desde o Mar Egeu até os Dardanelos. Então, por que deveríamos nos preocupar? O que nossas esposas têm a ver com corridas de cavalos? A esposa do imperador será sequestrada. Os tambores baterão forte e outros bárbaros virão. Os bárbaros preencherão o vazio das cidades, um pouco mais altos que o mar, mais

poderosos que a espada em tempos de loucura. Então, por que deveríamos nos preocupar? O que nossos filhos têm a ver com os filhos dessa impudência?

Os tambores baterão forte e outros bárbaros virão. A esposa do imperador será tirada de seu quarto. De seu quarto, ele lançará um ataque militar para devolver sua companheira ao leito. Por que deveríamos nos preocupar? O que cinquenta mil vítimas têm a ver com este breve casamento?

Poderia Homero nascer depois de nós [...] e os mitos abrirem suas portas às massas? (Darwish, 2003, p. 41).

Darwish, Hillesum, Broch, Grosmann, Levi, todos testemunham a dor dos que foram vítimas de almas adoecidas, que praticam o mal ou, diante dele, se calam. Eles apontam para o coração do homem, onde nasce o bem e o mal, como indicam os Evangelhos. Coração esse que, como lembra Michel Henry (2002), é o lugar onde o Logos, o Cristo, ou seja, a Vida, é acolhido. Quando esse acolhimento cessa, tem-se a violência e a doença espiritual que leva a humanidade — esquecendo sua condição falível e perdendo a memória da sua dor — a infligir, novamente, outras dores nos mais fracos. Os testemunhos deles podem ser lidos sob esse prisma. Eles, como gritos esquecidos, ensinam que tudo reside no coração do ser humano.

Referências

AKASH, Munir; FORCHÉ, Carolyn. Introduction. *In*: DARWISH, Mahmoud. **Unfortunately, it was paradise**: selected poems. Berkeley; Los Angeles, California: University of California Press, 2003.

BLANES, Jaume Peris. Literatura y testimonio: un debate. **Revista Puentes**, 1 ene. 2014.

BROCH, Hermann. **Los inocentes**. Madrid: Debolsillo Editorial, 2007.

DARWISH, Mahmoud. **Journal of an Ordinary Grief**. Brooklyn, NY: Archipelago Books, 2010. Originally published in 1973.

DARWISH, Mahmoud. **Mural**. London: Verso, 2017.

DARWISH, Mahmoud. **Unfortunately, it was paradise**: selected poems. Berkeley; Los Angeles, California: University of California Press, 2003.

GROSSMAN, Vassili. **Tout passe**. Paris: Julliard; L'Age d'Homme, 1984.

GROSSMAN, Vassili. **Vie et destin**. Paris: Editions l'Age d'homme, 1980.

HENRY, Michel. **Paroles du Christ**. Paris: Éditions du Seuil, 2002.

HILLESUM, Etty. **Diario de Etty Hillesum**: uma vida conmocionada. Barcelona: Anthropos Editorial, 2007.

LEVI, Primo. **Los hundidos y los salvados**. Barcelona: El Aleph Editores, 2002.

MILOSZ, Czesław. **Nobel lecture**: 8 December 1980. Disponível em: https://www.nobelprize.org/prizes/literature/1980/milosz/lecture/. Acesso em: 5 maio 2024.

PAPPÉ, Ilan. **La limpieza étnica de Palestina**. Barcelona: Crítica, 2008.

PAPPÉ, Ilan. **Los palestinos olvidados**: historia de los palestinos de Israel. Madrid: Ediciones Akal, 2017.

RICOEUR, Paul. **Liberar el fondo de bondad**. 2005. Disponível em: https://www.taize.fr/es_article2355.html. Acesso em: 7 maio 2024.

TODOROV. Tzvetan. **Face à l'extrême**. Paris: Seuil, 1994.

TOMMASI, Wanda. **Etty Hillesum**: la inteligencia del corazón. Madrid: Narcea, 2003.

WIEVIORKA, Annette. **The era of the witness**. New York: Cornell University Press, 2006.

AMOR, IGLESIA, ABUSOS

Para
Miguel García-Baró[62]

Está claro que, ante estas abominaciones, la Iglesia no se cansará de hacer todo lo necesario para llevar ante la justicia a cualquiera que haya cometido tales crímenes. La Iglesia nunca intentará encubrir o subestimar ningún caso. Es innegable que algunos responsables, en el pasado, por ligereza, por incredulidad, por falta de preparación, por inexperiencia -tenemos que juzgar el pasado con la hermenéutica del pasado o por superficialidad espiritual y humana han tratado muchos casos sin las debidas seriedad y rapidez. Esto nunca debe volver a suceder. Esta es la elección y la decisión de toda la Iglesia.
(Papa Francisco)

Quizá entre esas motivaciones para crímenes que el papa dice reiteradamente que no prescriben, habría habido que nombrar también la perversidad o la debilidad ante el chantaje... En todo caso, hay que comprobar que estas palabras del papa se corroboran en la acción de los miembros de la Iglesia. Algunos con responsabilidades de autoridad han declarado también en España, muy recientemente, que es bueno que se hayan creado órganos de análisis externo a la propia Iglesia, que deben intentar esta evaluación.

Disponemos ya de la suficiente bibliografía como para presentar, antes incluso de tener el análisis de la recogida de testimonios en las oficinas del Defensor del Pueblo, un esquema global referido al diagnóstico, las causas de lo que él encuentra y las vías de posible superación del terrible fenómeno del abuso dentro de los ámbitos de la Iglesia católica. De aquí las páginas que siguen.

1

Ya no es tiempo de hacer correcciones lingüísticas, pero se debe empezar señalando que la palabra "abuso" es muy incorrecta (y lo es en todos los idiomas que nos son próximos: *Missbrauch*, por ejemplo; mejor el

---

[62] Miembro de la Real Academia de Ciencias Morales y Políticas de España.

francés *harcelement*, aunque connota algo normalmente más débil que lo que se quiere decir con "abuso" en este contexto). No hay un uso correcto y un abuso correspondiente, sino que de lo que se trata es de *agresión* en diversos grados de violencia y de daños consecuentes.

Un segundo punto lo expresaré con las muy justas palabras de Geneviève Comeau: "Es normal que una institución intente protegerse; pero la Iglesia no es una institución cualquiera: su responsabilidad es el Evangelio, la Buena Noticia para los pequeños y los pobres; no tiene su centro en ella misma. Optar por proteger a sus "cuadros" en detrimento de los más pequeños es olvidar su vocación."[63] Con mucha más dureza se expresa Daniel Portillo, que habla de *eclesiopatía*, "que evidencia la responsabilidad institucional de todos aquellos que somos parte de la institución [él es sacerdote diocesano]. El abuso no solo lo comete el agresor sexual, sino también una Iglesia negligente, permisiva y silenciosa, que permite o, al menos, tolera el abuso."[64] Lo mismo dice ya el título del libro pionero en España, *Víctimas de la Iglesia. Relato de un camino de sanación*, de José Luis Segovia, Javier Barbero y una testigo anónima [2016].[65] Téngase en cuenta que no hubo castigo civil a Marcial Maciel ni al cardenal Law. La situación ha evolucionado en la realidad sobre todo a propósito del tremendo escándalo que condujo en 2018 a que todos los obispos de Chile presentaran sus renuncias al reconocer que tenían todos algún grado de involucración en el caso Fernando Karadima. Todos ellos están siendo investigados por la justicia del Estado, y siete se encuentran directamente acusados de agresiones sexuales -junto a noventa y seis presbíteros-. (Incluso alguno entre los que se revolvieron contra Karadima era por su parte un abusador...)

2

Hay una inmensa enfermedad que impregna la sociedad entera y cuya historia desconocemos. Es de suponer que pervive desde siempre y que solo sufre cambios en su relativa visibilidad y en la reacción general que suscita esta visibilidad. Esta enfermedad es la del sometimiento

---

[63] "Mettre les victimes au centre de la pratique et de la théologie de l'Église: cap. 2 del libro *J'écouterai leur cri. Cinq regards de femmes sur la crise des abus*. Éditions de l'Emmanuel, París, 2022. P. 52. (Todas las traducciones son de M.G.-B. salvo cuando se indica otra cosa.)

[64] "Iglesia y prevención. Hacia una teología de la prevención": cap. 1 de *Teología y prevención. Estudio sobre los abusos sexuales en la Iglesia* Daniel Portillo, ed.). Editorial Sal Terrae, Maliaño, 2020. P. 13.

[65] PPC, Madrid, 2016; reeditado en 2022.

anímico, espiritual y físico de una parte muy grande de la sociedad a un conjunto también muy grande de depredadores de almas, espíritus y cuerpos. Los vulnerados han sufrido sus heridas no porque hubiera en ellos alguna característica que los reuniera en la clase de los vulnerables, sino como consecuencia de las muchísimas situaciones de desequilibrio, de disimetría que se producen en las relaciones cotidianas, en especial en cinco órdenes: la familia (en múltiples direcciones), las instituciones educativas, los grupos políticos, las instituciones económicas (las empresas) y las iglesias.

Es muy impresionante que siendo, por ejemplo, en 2019 6.153 los menores que fueron objetos de delitos o faltas contra su libertad sexual -un incremento del 85,2 % respecto de diez años antes-, en las evaluaciones del Centro de Investigaciones Sociológicas no aparezca esta cuestión ni entre las sesenta y seis que más preocupan a los españoles. Para Europa en general, ya en 2013 se computó que 12,5 % de los varones y 20,8 % de las chicas sufrían ataques de esta naturaleza. Otro dato suministrado por la Fundación ANAR empeora el panorama de la realidad: solo el 43,3 % de los menores que se han puesto en contacto con ANAR denunciaron o tenían intención de denunciar. Esta misma Fundación encontró que solo en el 0,2 % de los casos el abusador era un clérigo. (La teóloga chilena Sandra Arenas aduce muy alarmada el dato de que el 40% de los casos de pederastia eclesial "son latinoamericanos y refieren a abusos cometidos en el posconcilio.")[66]

Desde muy pronto de la ascensión al papado de Francisco, la reacción de la Iglesia católica ha pasado de la mera defensa a la llamada ahora proactividad, al menos en los medios oficiales jerárquicos supremos. En 2014 se creó, formando parte de la Curia romana, la Comisión Pontificia para la Protección de los Menores, en 2019 se celebró el sínodo sobre «La protección de los menores en la Iglesia» y en abril de 2022 se ha procedido a la actualización dentro del Código de Derecho Canónico del *Vademécum sobre algunas cuestiones procesales ante los casos de abuso sexual a menores cometidos por clérigos*. También en 2022 se ha dado un avance realmente significativo: el papa ha pedido a la Comisión Pontificia que acabo de mencionar que elabore un informe anual que se refiera a las iniciativas de la Iglesia para prevenir los abusos y a qué debería aún ser cambiado. La Conferencia Episcopal Española, tras empezar por negarse, puso luego

---

[66] "Desclericalización: antídoto para los abusos en la Iglesia": cap. 5 del libro citado en nota 2. P. 128.

en pie también su comisión de investigación, como lo han hecho muchas congregaciones de religiosos. Y a partir del *Motu proprio* papal *Vos estis lux mundi*, de abril de 2019,[67] se ha hecho obligatorio disponer de una oficina de denuncias y de atención a víctimas en cada diócesis -también, evidentemente, en España-.

Aun siendo la pederastia el aspecto más repugnante de esta plaga social, el abuso de poder, de conciencia y de espíritu es un fenómeno omnipresente en la práctica y está en el origen del frecuentísimo abuso sexual a personas en cuya mayoría de edad legal ve el sistema jurídico la realidad de un consentimiento que las hace pasar de víctimas a cómplices, mientras que asegura no solo la impunidad jurídica, sino incluso muchas veces la absolución moral a los abusadores, manipuladores y victimarios. La consecuencia es que hay una cantidad terrible de abuso real, genital o no, que clama en sus víctimas por una denuncia que en la práctica del derecho (canónico o del Estado) suele ser imposible y que encima es condenada por presuntas razones morales en el mismo momento en que se expresa; y ello en todos los ámbitos, pero muy especialmente en el familiar y el eclesiástico, debido a que ambos tienen una relación directa y esencial con el espíritu. En consecuencia, un porcentaje tremendo de abusos de conciencia y sexuales sobre mayores de edad resulta, cuando intenta manifestarse, revictimizado de modo por lo menos tan doloroso como fue el abuso mismo. Grupos como Repara (archidiócesis de Madrid), Betania y los proyectos diocesanos de asistencia a víctimas y denuncia que ya funcionan, asisten en estos casos a las víctimas sin apenas posibilidad de lograr un cambio profundo en la realidad sistémica del abuso, y no es infrecuente que se sufra la desilusión de esta impotencia. Continúa la impunidad, continúa la revictimización, se multiplican los casos de las llamadas víctimas secundarias. Los sistemas que propician el mal resisten indemnes por lo general. (No olvidemos que la revictimización también suele producirse en las denuncias por pederastia, aunque aquí, al menos, no ya la posibilidad, sino la obligación legal de la denuncia es un muro de protección, reforzado por la dilatación reciente de los períodos de impu-tabilidad del pedófilo. Y no podemos dejar en este punto sin mención el asombro triste que causa el regreso esporádico, en la boca de personas con altas responsabilidades, de la posible impunidad del abuso pedófilo en nombre de la presunta libertad sexual del consentimiento de un menor. Esta fue una polémica de los años 70 cuya superación, o eso creíamos, es

---

[67] Segunda versión en marzo de 2023.

(o era) uno de los pocos síntomas claros de avance social o sistémico en la problemática de los abusos. Los nuevos fenómenos de violencia sexual entre menores están, por otra parte, exigiendo nuevos métodos de asistencia; pero aquí, dada la sexualización salvaje y no reprimida de todos los niveles de edades, se abre una perspectiva espantosamente sombría para el próximo futuro. Quienes se enfrentan a los abusos podrán pasar a ser considerados unos inquisidores dementes, un resto del pasado de represión clerical, precisamente.)

Por otra parte, como lo ha expresado recientemente de modo conciso y clarísimo Fernando García Sánchez, provincial de los salesianos, que se dio cuenta de que "por muy buena voluntad que pusiéramos, las congregaciones no podíamos estar directamente en la solución de este grave asunto, porque para muchas de las víctimas éramos parte del problema".[68] Lo mismo se debe decir de las demás instituciones que la misma Iglesia ha puesto en pie en este sentido: lo primero que tienen que lograr es alguna credibilidad. La menor quiebra en la sinceridad y la radicalidad de su propósito que dejen ver los encargados de esos proyectos los invalida y los vuelve incluso contraproducentes. En una entrevista de enero de 2022, Hans Zollner decía: "Como hemos visto en tantas partes del mundo, las personas ya no se fían de la justicia interna de la Iglesia, porque quieren entender, de fuentes independientes y objetivas, lo que ha pasado".

El aprendizaje más claro y primero que se recibe en el trabajo en una pequeña institución como el Proyecto Repara es que el daño que sufren las víctimas de abuso sexual y abuso espiritual es de una profundidad y un dolor que no tienen punto de comparación con el sufrimiento que experimentan las víctimas de otros delitos. Aquí hay por todos lados vidas rotas; personas que han perdido la confianza en ellas mismas, en los demás y en Dios; cuerpos que no pueden entrar en relaciones directas con otros cuerpos; en definitiva, personas cuya existencia no parece tener apenas sentido para ellas mismas y no parece tampoco poder servir de auxilio a otras personas. En los casos más leves, desconfianza respecto de toda relación interpersonal, resentimiento sin dirección clara, depresión.

Hemos recogido una serie de declaraciones literales de víctimas de toda edad y todo tipo de abuso que no pueden ser leídas sin un sentimiento de consternación y angustia, redoblado cuando las estadísticas

---

[68] "Aprendizajes vividos ante el fenómeno de los abusos en la vida religiosa": *Revista CONFER* 61, 234 (abril--mayo-junio 2022), p. 209.

afirman que el 20% de la población mundial ha conocido el abuso sexual -y sabemos, como ya queda dicho, que suele ser, incluso en la pederastia, el final de una cadena de abuso de poder y de conciencia, cuando no también de abuso espiritual-.

Hay, sin embargo, una capacidad extraordinaria de recuperación en las víctimas que han dado el paso crucial: reconocer que su situación mejoraría mucho con la presencia de otras personas. Haber conservado una zona de confianza posible en el otro es el punto de apoyo para que la escucha de su duelo o el tratamiento psicológico de su caso, siempre realizados con más atención al caso particular que a ningún protocolo preestablecido, tengan efectos admirables. El síntoma más esperanzador es que haya víctimas que pasan a ser escuchas acogedoras de otras víctimas, como de hecho se produce en Repara.

Repara está abierta a todas las víctimas de abuso sexual, sin excepción, y a todas las víctimas de abuso espiritual en ámbitos eclesiásticos, pero también a los abusadores. Sobre ellos consideramos importante una observación debida al sacerdote psicoanalista Jean-François Noel, quien en su libro de 2019 *Tous mes désirs sont devant toi. Plaisir,* Église *et sexualité,*[69] sostiene que el pedófilo, diga él lo que diga, muy raras veces fue un niño objeto de abuso sexual, precisamente porque el desarreglo espantoso que introducen los abusos en la personalidad no es compatible con ningún narcisismo desarrollado. Y es que en los pocos casos de abusadores que han recurrido a Repara es infrecuente el arrepentimiento sincero, pero frecuente, como se ha observado ya muchas veces, la falta de él y de empatía por el dolor de las víctimas. El abusador, la abusadora son casos de personalidad narcisista llevada al extremo del pecado y / o de la enfermedad; no son precisamente personas oscuras y sin relieve y empuje social -dejamos ahora a un lado los abusos intrafamiliares-; más bien son líderes, quizá incluso especialistas eruditos en temas próximos al que estamos tratando. Por esto es evidente que la culminación de los procesos de recuperación de las víctimas en los encuentros de la llamada justicia restaurativa -algún autor prefiere hablar de justicia transformadora- no se puede proponer desde el principio como el ideal que hay que alcanzar. Seguramente serán escasos tales encuentros en este ámbito de victimización.

Repara sigue siendo, igual que otras instituciones afines, apenas conocida en la misma diócesis de Madrid.

---

[69] Éditions Salvator, París, 2019. P. 28.

IMAGEM, ARTE, ÉTICA E SOCIEDADE: PERCURSOS DE PESQUISA

Los cursos en tres niveles (sensibilización, formación y profundización) que Repara organiza -esperamos la suma a estos esfuerzos de los que pueda realizar una cátedra extraordinaria, en la Facultad de Educación de la Universidad Complutense, con el título *Pro-Tejer*, cuya fundación está en avanzado proceso- y que proponen para las instituciones eclesiales la obtención de un Sello Repara, con vistas a la prevención respecto del futuro son apenas un conato muy pequeño hacia una transformación que, a la vista de lo descrito, no puede no ser sistémica. Sin una renovación radical de la vida cotidiana real, dentro y fuera de los ámbitos oficialmente cristianos, el mecanismo de propiciación de los abusos no se puede desmontar. Continuaremos formando posibles narcisos y habrá que encomendarse a la Providencia para que no pasen jamás de la potencia al acto. No nos gusta emplear fórmulas tan vacías como estas, si no las acompañamos de propuestas concretas para ser llevadas inmediatamente a la práctica, pero es verdad que la formación del clero y la preparación de quienes vayan a tener responsabilidades jerárquicas en órdenes y movimientos tiene que ser considerada de nuevo con atención plena a lo que tienen de insuficiencia en el terreno de lo afectivo, de lo emocional, de lo sexual.

El más duro problema que se plantea es, en definitiva, la realidad de un dolor tan terrible que lleva a quien lo sufre hasta los bordes del escándalo, la desesperación y la autoinculpación.

3

"La crisis de los abusos muestra que la Iglesia ha descuidado su componente humano".[70] Este juicio de Monique Baujard es incontestable. Intentemos entrar en su significado. Resulta, ante todo, complementario de la tesis que ha adoptado hace ya años el papa Francisco, que se refiere al mal que ha hecho y sigue haciendo lo que llama él -me permito pensar que sin plena fortuna- el *clericalismo* como régimen cultural en la Iglesia católica; régimen que contamina, entre tantos otros factores, el ejercicio del poder en ella. Ya en 2018, en el informe *Sexueller Missbrauch an Minderjährigen durch katholische Priester, Diakone und männliche Ordensangehörige im Bereich der Deutschen Bischofskonferenz*, se decía que «el abuso sexual constituye siempre, también, un abuso de poder, y esto puede ser facilitado por las estructuras autoritarias y clericales de la Iglesia católica». En el amplísimo *Final Report* sobre instituciones religiosas de la

---

[70] « Ce que la crise des abus sexuels dit de l'Église »: cap. 5 del libro citado en nota 1. P. 144.

Royal Commission into Institutional Responses to Child Sexual Abuse de Australia (2017) se señalan como factores de riesgo ya algunos teológicos -imagen patriarcal de Dios-; la cultura del clericalismo; la estructura de poder y la gobernanza de la Iglesia; las limitaciones del derecho canónico; el celibato; la selección y formación de los clérigos y ministros, y la cultura del secreto en la Iglesia. Páginas adelante, el clericalismo centra decididamente la atención de este texto.

En efecto, la distinción entre clérigos y laicos marca la vida de la Iglesia católica profundamente -y, desde luego, muy profundamente en España-. Se trata, por cierto, de una separación que no se halla en los comienzos de la Iglesia sino que ha devenido históricamente ya desde los primeros siglos de su triunfo histórico -entendiendo por tal el ascenso del cristianismo a religión oficial del Imperio Romano-. La distinción ha coincidido con la también tradicional pero no primitiva entre *Ecclesia docens* y *Ecclesia discens*, o sea, entre los que saben y tienen licencia para hablar y gobernar, y los que no saben sino que se limitan a aprender y dejarse organizar, a obedecer. En la *Vehementer Nos* de Pío X, en 1906, se decía lisa y llanamente que "esta sociedad es desigual por esencia, es decir, comprende dos categorías de personas: pastores y rebaño [...]; el deber de la multitud es dejarse gobernar y obedecer dócilmente las directrices de sus pastores." Compárense estas viejas palabras con muchas de las más recientes del papa Francisco. Ya este, en 2013, medio año después de su elección, decía en una entrevista en *L'Osservatore Romano*: "El clericalismo -ese deseo de señorear sobre los laicos- implica una separación errónea y destructiva del clero, una especie de narcisismo." En 2019 precisaba que no hay que confundir "el *servicio* presbiteral con la *potencia* presbiteral... El ministerio entendido no como servicio, sino como promoción al altar." *Servus servorum Dei*: la organización jerárquica de la Iglesia debería ser la de una pirámide invertida. El teólogo argentino Carlos Schickendantz constata, con una mezcla de melancolía y esperanza a pesar de todo, que "la Iglesia posee más argumentos que las actuales democracias para concretar procesos de consultas y garantizar, incluso jurídicamente, espacios de discernimiento común y elaboración conjunta de decisiones: su convicción acerca de que en todas las personas de buena voluntad obra la gracia de modo invisible."[71] (Las últimas palabras son cita directa de *Gaudium et spes*, Concilio Vaticano II.)

---

[71] "Mentalidades elitistas y clericalismo estructural. Algunas lecciones eclesiológicas que deja el caso chileno": cap. 4 del libro citado en nota 2. P. 119.

El diagnóstico global de Sandra Arenas parece sumamente acertado: "Creemos que la preocupación por las relaciones *ad extra* descuidó con nefastas consecuencias las relaciones internas, perpetuando de esta manera un modelo eclesiológico doble discursivo, que comprendió evangélicamente hacerse cargo de los rostros concretos de los más pobres y oprimidos, pero dejando instalada la asimetría de poder interna, como si nada tuviese que ver con aquella opción eclesiológica, lo que generó rostros y cuerpos vulnerados por los abusos de poder, de conciencia y sexuales."[72]

Las circunstancias del mundo actual hace ya mucho que, al desplazar al cristianismo de su lugar cultural de absoluto privilegio en nuestras sociedades, han dejado caduca la fuerza de esta diferencia; que, por cierto, niega de hecho un fundamento dogmático esencial: que el bautismo compartido confiere plena madurez religiosa a todo el pueblo cristiano. Por otra parte, como ha escrito el cardenal De Kesel, no está para nada dicho en ninguna parte que el cristianismo necesite, para llegar a los individuos, el ambiente de una cultura cristiana -para no remontarnos a la furiosa y muy justificada crítica de Kierkegaard a la que denominaba *cristiandad*, que oponía directamente al cristianismo-.

Cabe definir más por dentro, por así decir, en qué se piensa cuando se habla de *clericalismo* como hace el papa Francisco. Él mismo ha dicho que se trata de una actitud que "anula la personalidad de los cristianos", y lo hace en muchos sentidos que tienen directamente que ver con la crisis de los abusos. Ante todo, convierte en menores de edad religiosos a quienes no lo son en absoluto en sus profesiones y en la vida civil en general; pero es que además les quita la palabra crítica que podrían y deberían dirigir a las jerarquías -los clérigos de vario orden- y les infunde la perversa idea de que nunca podrán tener razón frente a sus autoridades. Y en ello ni siquiera hace falta combinar el evidente papel de postergación que tienen las mujeres en la Iglesia católica, sencillamente excluidas desde el comienzo de toda entrada en el mundo de los clérigos, con la única parcial excepción de las abadesas y superioras de ciertas órdenes religiosas. Un judío, un protestante, incluso en cierto modo un musulmán son responsables directos de muchas direcciones de su actividad religiosa, y en los dos primeros casos las mujeres han pasado con frecuencia a posiciones de igualdad con los hombres. No ocurre así en el catolicismo y es de temer que tampoco en la Ortodoxia.

---

[72] *Loc. cit.*, p. 131.

Es sencillo considerar las consecuencias que esta situación anacrónica pero para nada cancelada tiene. En primer lugar, el mundo clerical tiende estructural o sistémicamente a vivir encerrado en sí mismo, inaccesible al control de cómo ejerce su autoridad y de cómo desempeña su mismo ministerio magisterial. Es prácticamente inevitable la sensación de superioridad y de independencia que se viene encima de cada persona que se ve en esta posición. Se añade la muy pesada carga de tener papel decisivo en el culto, en especial, en la administración de los sacramentos. Se actúa entonces, según la expresión tradicional, *in persona Christi*, y solo alguien insensato se tomará a la ligera semejante función. Se es, al parecer, un intermediario indispensable entre Dios y el pueblo. El celibato mismo produce también un prestigio de virtud excepcional y fiera soledad en lo íntimo, ya a los ojos de quien está bajo este voto, que agrava la tentación de narcisismo.

Una iglesia en este régimen de vida no está especialmente llamada a atender con sumo cuidado a las debilidades de sus clérigos, por más que una y otra vez los concilios han tratado de disciplinar su formación y sus costumbres. La *maestra en humanidad* corre enorme peligro de sublimar dentro de sus muros lo humano. Desatenderlo es desarmarse de antemano para poder afrontar la pluralidad y la complejidad de la realidad social, en especial desde el hundimiento del *ancien* régimen, y ya no digamos en el momento de la globalización económica y la sociedad de la hiperinformación.

De aquí que la crisis de los abusos comporte realmente una crisis general, un tiempo oportuno para una honda transformación sistémica -y paralelamente personal, de cada miembro de la Iglesia y sin distinción entre laicos y clérigos-, que justamente pretenden y fomentan quienes ven con más claridad lo serio del presente y las dudas más que graves que caben sobre el futuro de la Iglesia católica. El movimiento sinodal que ahora se ha puesto en marcha es el complemento indispensable, en el pensamiento y en la acción del papa actual, a su radical confrontación con las malas prácticas -en múltiples sentidos que solo se han apuntado hasta aquí- anteriores, que mantienen a la Iglesia sumida en un auténtico vértigo de descrédito y de desconfianza en sí misma. Sinodalidad contra clericalismo es la fórmula que se descubre como más prometedora para cualquier futuro depurado, sincero y fecundo de las iglesias en general y de la católica -y la española- en particular. Ya el documento *Sexueller Missbrauch* ha reclamado un "cambio en las estructuras de poder clerical" y "un examen fundamental del ministerio ordenado del sacerdote y de la comprensión de su papel con respecto a las personas no ordenadas. Los reconocimientos verbales, la sanción de los individuos culpables, el remordimiento y la petición de perdón expresados públicamente, incluso el pago de compensaciones financieras y el establecimiento de procedimientos de prevención, aun siendo necesarios, "de ninguna manera son medidas adecuadas. Limitarse a tales cosas imprescindibles podría propiciar, en última instancia, que se preservaran "las estructuras de poder clerical, ya que solo apuntan a los síntomas de un desarrollo indeseable y, por tanto, impiden el debate sobre el problema fundamental planteado por el poder clerical." Hay, pues, una coincidencia plena con la crítica, arriba citada, de Sandra Arenas.

La religiosa y profesora de filosofía Agata Zielinski se ha referido a la necesidad de romper con este *todo queda entre nosotros* tan característico del "clericalismo" como no consistiendo tanto en "salir de la ignorancia cuanto de la mala fe, o sea, de la autojustificación".[73] En efecto, este clericalismo tan nocivo en todos los sentidos es en gran medida el desentenderse de la "responsabilidad social" que atañe a la Iglesia como a cualquier grupo de la sociedad, aunque a ella, como se dijo desde el comienzo aquí, muy especialmente, ya que esta responsabilidad debería haber estado siempre en el centro de sus miras, sus preocupaciones y sus actividades. Y lo esencial en ella implica que dentro de sus filas mismas, dentro de sus "cuadros" y en la relación de estos con los laicos, la moral evangélica tiene que estar en plena vigencia. ¡Claro que no se trata tan solo de predicarla hacia fuera!

En este sentido, la gestión de la justicia, de la solicitud por el otro, se combina, naturalmente, con una mejora fundamental de la educación afectiva e intelectual de todos los miembros de la Iglesia, aunque muy en especial de los clérigos y los consagrados en general.

4

A este respecto hay trabajos muy destacados de responsables de la formación en alguno de los grandes seminarios europeos. Es sobre todo el caso del sacerdote y psicólogo Stefano Guarinelli, en Milán. Parte este autor de algo que ya ha quedado dicho y que perfectamente evidente: "La experiencia espiritual cristiana es intrínsecamente afectiva". Por otra

---

[73] « Une fragilité qui rend libre? »: cap. 4 del libro citado en nota 1. P. 119.

parte, la tesis del antropólogo y psicólogo es que "todo aquello que en mí es afectivo se encuentra en el cruce de mi corporalidad y mi personalidad. *Es mi cuerpo el que materialmente "produce el afecto que mi personalidad interpreta* (subrayo yo)." Las consideraciones, dirigidas sobre todo a clérigos en formación, continúan focalizando en el *don de sí mismo* lo esencial de la realización personal -no solo desde el punto de vista cristiano, pero también y primordialmente desde este-. De ahí extrae una consecuencia capital para la cuestión de cómo el celibato, en tanto que tal, no tendría que tener parte alguna en la agudización de los casos de abuso — parece que los datos sociológicos concuerdan con esto —, siempre que sea comprendido con una profundidad que es de temer que no sea universal: "El celibato quiere mostrar de una forma provocativa el don de sí por el reino de Dios que viene, y para ello utiliza un símbolo "fuerte", como es la renuncia a la intimidad sexual". El que ha escogido esta opción queda inmediatamente situado en la posición de una cierta ingenuidad ante la realidad, en una paradójica inmadurez que tiene que aprender -no fácilmente- a gestionar. Este aprendizaje, que suplirá lo afectivamente incompleto en principio del célibe, consiste en saber mantenerse en la paradoja de su opción por la vía de entender que "vivir en la lógica del don no consiste primariamente en el desarrollo de la capacidad de dar, sino más bien en el de la de recibir." Sería un error capital que el clérigo se concibiera a sí mismo como un líder que se limita a enseñar y a la praxis caritativa, sin dar espacio para ser enseñado y ser cuidado, para escuchar, en definitiva.

En este punto ofrece Guarinelli una distinción clave entre la continencia individual y la castidad interpersonal, ya que "es casto aquel que "hace ser" al otro, no se apodera de él, no lo instrumentaliza para sus propios objetivos". Algo que se capta más fácilmente recordando que lo *incastus* es el incesto, mientras que la relación sana intrafamiliar debería ser lo más opuesto a esto y un ejemplo de la castidad tal como acaba de definirla el autor italiano. Así, la castidad y el celibato se ven como tareas nunca perfectamente cumplidas, pero como ideales existenciales que no comportan necesariamente un estrago de la personalidad que pueda desembocar precisamente en el narcisismo y la agresión espiritual y sexual.[74] Unos años antes enseñaba ya esencialmente lo mismo Amedeo Cencini.

---

[74]   Las citas recogen lo esencial del capítulo 4 del libro de Guarinelli *El celibato de los sacerdotes. ¿Por qué elegirlo todavía?*, p. 99ss. Ediciones Sígueme, Salamanca, 2015 (trad. Luis Rubio).

Más duro, aunque parecido, es el diagnóstico del psicoanalista Eugen Drewermann (ya en 1995, en su conocido y polémico libro *Clérigos*). Calificaba ahí de inseguridad ontológica básica la estructura psicológica de un clérigo -en la trama sistémica que ahora llamamos constantemente *clericalismo*-. Tal inseguridad se debe a verse reducido a pensar lo que dicta la jerarquía eclesiástica, y eso le lleva a una fuerte despersonalización de sus actos y al inevitable empobrecimiento de sus relaciones interpersonales. Drewermann citaba a este propósito la conocida y devastadora sentencia de Péguy: "Porque no aman a nadie, creen que aman a Dios." La peligrosa compensación es el *síndrome del salvador*, fundado en el sentimiento de haber sido elegido para llevar a cabo una gran misión.

5

Ha habido ya antes de la crisis de los abusos teólogos católicos de primera línea que se han apartado significativamente de la concepción tradicional, agustiniana, de que en el sacrificio de Cristo se trata ante todo del perdón de los perversos, en vez de la identificación con el dolor de las víctimas. No es asunto menor en dónde se pone el acento. Johann Baptist Metz, por ejemplo, ha escrito que "para Jesús el pecado consiste en primer término en negarse a participar del sufrimiento del otro".[75] (De hecho, Metz ha hablado abundantemente de cómo la de los que sufren es la única autoridad incondicional.) Para Philippe Lefebvre, en su notabilísimo libro *Cómo matar a Jesús*,[76] llega a haber indicios en los relatos de la Pasión de abuso sexual, precisamente en concordancia con la misteriosa identificación de Dios con las víctimas que está en el corazón del mensaje cristiano — y que vuelve tan inconcebible en perspectiva cristiana todo intento de matar el espíritu y el cuerpo de los otros, por más que una tristísima serie de errores históricos muestre lo poco que se ha entendido existencial y prácticamente esta inconcebibilidad —. Dice este escritor dominico, exegeta profesional, que "el cuerpo de Cristo es el lugar de todos los humillados, los agredidos, los que han sufrido abusos". El filósofo Michel Henry, cuando terminaba su obra con una serie de libros sobre el cristianismo, ha escrito esencialmente lo mismo: toda agresión lo es, además de al prójimo inmediato, a la carne de Cristo. En una entrevista

---

[75] Véase la recensión global que hacen Matías Omar Ruz, Guillermo Rosolino y Carlos Schickendantz: "Razón anamnética, sufrimiento ajeno y teodicea. Claves de lectura, logros y límites de la obra de Johann Baptist Metz: *Teología y Vida*, Vol. XLIX (2008), p. 575 – 603. Universidad Católica de Córdoba (Argentina).

[76] Trad. Mercedes Huarte. Ediciones Sígueme, Salamanca, 2022. Véase sobre todo el cap. 2.

para el periódico *La Croix,* Jean-Marc Sauvé, el responsable principal del famoso y espléndido informe concerniente a la iglesia francesa, llegó a hablar de que las víctimas de los abusos sexuales fueron muchas veces *martirizadas.* Pavel Syssoev ha podido escribir, en continuidad con esto, que "es preciso descubrir el rostro de Cristo en el de las víctimas: ellas son el evangelio que hay que custodiar".[77] Arenas va en cierto modo más lejos, al pedir, con toda justicia, que se pase de la hermenéutica de la escucha a la hermenéutica de la consulta -que inevitablemente implica introducir en la teología del poder y del liderazgo eclesial a la mujer mucho más allá de como hasta ahora se la integra-.

6

Volvamos a un terreno de máxima importancia: el del abuso de adultos y, en especial, el que se produce dentro del acompañamiento espiritual, que los teólogos prefieren denominar, en general, con el clásico término *paternidad espiritual.*

Las advertencias desde el seno de la Iglesia se multiplican en los últimos años. Una de las más notables se debe precisamente al prior de la Gran Cartuja, es decir, a la máxima autoridad monacal en la orden para la que el silencio es el modo cotidiano de su vida. Dom Dysmas de Lassus y una serie de colaboradores ha publicado un texto importantísimo, titulado *Riesgos y derivas de la vida religiosa.*[78] Pero en primer término me referiré a la publicación independiente, muy sencilla y de la que espero gran eficacia, *De la paternidad espiritual y sus perversiones,* de la pluma del fraile dominico Pavel Syssoev, así como a testimonios autobiográficos muy interesantes, de los que en España se conoce sobre todo el libro de Hortensia López Almán, exmonja carmelita, *Cuidemos la vida consagrada.*[79]

Hay en el principio del drama de este terreno de agresiones morales y físicas el impulso absolutamente radical con el que alguien pide entrar en la vida religiosa, ya sea en el monacato, ya sea en alguna orden conventual. Esta entrega exige maestros, padres espirituales, guías a través de la práctica de la oración, el acomodar a una regla quizá secular

---

[77] En *La paternidad espiritual y sus perversiones* (trad. Mercedes Huarte). Ediciones Sígueme, Salamanca, 2022. P. 85. Ahora se puede completar con el excelente y claro trabajo de Stephanie Butenkemper, *Toxische Gemeinschaften. Geistlichen und emotionales Missbrauch erkennen, verhindern und heilen* (Herder, Friburgo, Basilea y Viena, 2023).

[78] Afortunadamente, traducido ya en BAC.

[79] Editorial Círculo Rojo, 2020.

IMAGEM, ARTE, ÉTICA E SOCIEDADE: PERCURSOS DE PESQUISA

la propia vida diaria, y la introducción en la ascética, el rito y la práctica caritativa. No caben aquí por principio ni la soledad ni la mera iniciativa individual. Por lo mismo, toda prudencia en la selección de los maestros de novicios y las maestras de novicias será poca -pero hay ya numerosos testimonios de que realmente ha escaseado demasiado-. El padre o la madre espiritual no puede, para decirlo como Syssoev, convertirse en "el alfa y la omega de la vida interior" de su pupilo. Si se atreve a tal ejercicio de agresión narcisista –"yo soy santa", fueron las primeras palabras de su maestra a la madre Hortensia-, la serie ascendente de la absorción y la perversidad puede muy bien ser: apoderarse de la voluntad del otro, someter a uno mismo por entero la vida de oración del otro, pero también sus decisiones, sus sueños, *su relación con Dios*. Y una vez alienada plenamente su conciencia, está abierto el camino para abusar de su cuerpo, en definitiva, por fin, de todo lo que es el otro. El daño que de ahí se sigue se puede comparar a los destrozos psicológicos que se han descrito en las víctimas de la pedofilia, solo que en estos casos queda afectada en modo directo incluso la relación de la víctima con Dios. Lo cual exige del agresor una auténtica suerte de sustitución del Espíritu Santo y, por ello, una repugnante fundamentación pseudomística de su perversión. En definitiva, es verdad -y lo saben en el fondo víctima y agresor- que solo Dios puede dar a Dios, y de aquí que sea imprescindible este recurso que revuelve cualquier conciencia -pero no siempre la de jerarcas que deberían haber evitado la fundación o re-fundación de corrientes "espirituales", muchas veces "carismáticas", por parte de una verdadera pléyade de pervertidos, como ha puesto perfectamente de manifiesto, para el caso de Francia, la espléndida investigación de Céline Hoyeau, publicada con el título *La trahison des Pères* en 2021.[80]

  Syssoev divide las desviaciones de la paternidad espiritual en aquellas que son por defecto y aquellas otras -las que aquí más nos conciernen y son más peligrosas- que pecan por exceso. Su análisis comienza por resaltar, muy en la vía de la cristiandad oriental ortodoxa, a "José, el taciturno" como icono de la auténtica paternidad espiritual: "acoge el hijo que Dios le da y se entrega por entero a su servicio. Este borrarse a sí mismo es la verdadera buena muerte: la que es nacimiento en la libertad del Espíritu". Continúa por la afirmación de que precisamente un fallo por defecto -que admite que es cosa muy frecuente- suele ser el comienzo de la búsqueda de un fallo por exceso en quien sigue esperando un padre espiritual.

---

[80] *La trahison des pères. Emprise et abus des fondateurs de communautés nouvelles.* Bayard éditions, Montrouge, 2021.

Una corriente de seguidores de Paul Ricoeur recomienda, a la vista de esta situación, reemplazar en cierto modo el fuerte término de "paternidad" por el de *solicitud*, que el maestro describía como un tipo de reciprocidad -se entiende que, en principio al menos, no del todo simétrica-. Giovanni Cucci resume así el ejercicio de esta solicitud: "El papel de quien acompaña no consiste en decir a la persona lo que debe hacer, sino más bien en ayudarla a dilucidar lo que ella considera mejor para sí misma. Asumir el puesto de la conciencia del otro es, precisamente, abuso de conciencia."[81] Queda así bien señalada la zona gris entre este tipo de abuso y el abuso espiritual propiamente dicho.

Es en esta línea de la solicitud como hallamos en el informe Sauvé, entre sus felices e inteligentes hallazgos y propuestas, la de entender que, como ya antes tuvimos ocasión de mencionar, se trata, en la atención a las víctimas, de lograr que pasen a *testigos*, es decir, en conceder la evidente verdad -nunca antes de verdad respetada y reconocida- de que su experiencia de sufrimiento y de intentos de reconstrucción suministra un *saber* de importancia decisiva. Sea lo que quiera de la justicia penal eclesiástica o estatal, que también puede producir efectos muy beneficiosos en las víctimas de abusos, rendir testimonio de ese saber tan horriblemente adquirido en la experiencia y la reflexión posterior ayuda a la sociedad entera a restituirse en la justicia y la verdad -empezando por ayudar, desde luego, a la víctima misma-.

Las víctimas de abusos se encuentran, en efecto, muchas veces, en una situación única, que se ha recogido sobre todo, en la meditación filosófico-antropológica, con el término *desdicha* (*malheur*), en el sentido que le ha dado Simone Weil -víctima del abuso de poder que se padecía en una fábrica de montaje mecanizado en Francia hace casi cien años ahora-.

7

En principio, la desdicha es puro dolor extremo y extendido a todas las facetas de la existencia de un ser humano — su alma, su cuerpo, su conciencia, su imagen social, su papel en el mundo —, pero que sobrepasa en sufrimiento a cualquier otro, en especial porque incluye un sentimiento completamente desplazado, en absoluto en su lugar, pero siempre presente: el sentimiento de no ser inocente. Como si el daño que otro quiere

---

[81] Véase en conjunto "Los abusos de autoridad en la Iglesia. Problemas y desafíos de la vida religiosa femenina": *La Civiltà Cattolica* 4083-4084, agosto 2020.

hacernos llegara a convertirse en mal real de nosotros mismos, cuando eso es lo que no puede jamás ocurrir, salvo que nos volvamos cómplices de quien nos hace sus víctimas. El desdichado no es cómplice de quien lo ha hecho desdichado — si es que hay, como suele ser el caso, alguien en ese papel — y, sin embargo, se siente indigno, humillado en su valor, despreciable. Es perfectamente inocente; incluso cuanto más inocente es, más desdichado puede quizá llegar a ser. Sufre el dolor que no merece de ninguna manera y que nuestro instinto, más que nuestra razón, reclama para el perverso incluso ya en el momento mismo de estar ejerciendo su crueldad para con la víctima. Esta, la víctima, únicamente podrá dejar de serlo, o sea, de ser desdichada, cuando no solo comprenda que es inocente, sino que llegue a la experiencia completa de su haber quedado desde siempre al margen de la maldad que se dirigió contra ella. Pero lo terrible es que este mensaje, el único verdadero y reparador, no puede serle de ayuda más que tras un tiempo hundida en la desdicha. Si se le lanza antes de sazón, lo rechazará con vehemencia y este fiasco de quien quería ayudar retrasará seguramente la restauración del equilibrio personal en la víctima.

El inocente al que desfiguran los torturadores con toda clase de muertes y violaciones se sumerge en la desdicha, pero de ninguna manera en la maldad. Suda sangre, gime como un desesperado, todo se le vuelve oscuridad, no desea ayuda ni compasión, no se acaba de entender a sí mismo; solo es como si hubiera palpado con el interior de su cuerpo y su alma qué inmensa cantidad de mal yace en los corazones de los hombres, y su respuesta es la impotencia de la desdicha. Como Weil dice, esta persona ya no ve nada que amar ni a nadie que la ame o a quien sea ella digna de amar; pero es decisivo que no se le apague el seguir queriendo amar si es que alguna vez vuelve a ser posible. Apenas ha quedado entonces a salvo de la desdicha un infinitésimo del alma, pero con esto basta para que la pura desdicha atraiga el descenso de la gracia cuando así deba al fin ser. La hora no nos toca a ninguno saberla y, mucho menos, decidirla o anticiparla.

Weil ve con perfecta lucidez que no se engañan del todo quienes se ensañan en su crueldad con otras personas precisamente porque quieren, más que destruirlas, convertirlas en anti-mártires. Desean acabar con el testimonio de que queda bien en el mundo. Nunca lo ha habido, no lo hay ni lo habrá. Este que ahora sufre mi crueldad simplemente era menos fuerte que yo y por eso no se me ha anticipado a maltratarme. Mi crimen lo único que hace es poner al fin de manifiesto que la condición humana es la de una lucha sin tregua no por un territorio, una pareja sexual o unos dineros, sino por dar pábulo a la pura voluntad de poder en que últimamente consistimos.

Weil sostiene — con absoluta verosimilitud — que el desconocimiento de la desdicha impide entender qué es el cristianismo. Por ejemplo, la desdicha no se puede querer ni buscar: se la rehúye, antes incluso de haberla padecido, tan tajante e involuntariamente como un animal evita el fuego. Supone esto que lo esencial en la relación (cristiana) con Dios no es ansiarla y buscarla, sino permanecer esperándola, eso sí, con concentración absoluta. Lo que se debe querer activamente es, en cambio, destruir ídolo tras ídolo y, desde luego, si pese a todo llega la desdicha, continuar en la atención amorosa y aceptarla, aunque parezca que se pierde el desdichado en sus sendas oscuras como en una cueva prodigiosamente larga y enmarañada.

Estas consideraciones de Weil son de directa aplicación en el ámbito de la enmienda urgente de las tergiversaciones de la paternidad espiritual, porque acentúan muy vigorosamente la radical soledad del individuo ante Dios, por más inserto que esté en la trama de una comunidad. Y también porque trazan una línea divisoria de extrema inteligencia entre lo que es actividad y lo que es pasividad y paciencia en este delicado fuero interno de las personas religiosas. Aquí no es apropiado desarrollar estas consecuencias, pero es imprescindible hacerlo respecto de la formación de seminaristas y religiosas.

En inmenso contraste con esto, las investigaciones de M. Keenan han demostado que los clérigos abusadores suelen partir de una imagen de Dios dura y negativa; de una relación con Dios basada en el miedo y la culpa y, para nada, en el amor incondicional.

8

Finalmente, es muy digna de ser recogida una propuesta procedente de un sabio jesuita aún joven, Guilhem Causse, que está recibiendo apoyos interesantes.

Esta propuesta parte de los riesgos que comporta no llegar al perdón pleno sino detenerse, sin saberlo, en lo que Vladímir Jankélévitch designaba como causiperdones o similiperdones. Se trata del evidente riesgo

IMAGEM, ARTE, ÉTICA E SOCIEDADE: PERCURSOS DE PESQUISA

mayor que acompaña siempre a un proceso de justicia restaurativa, en el que el victimario puede recibir más consuelo (y más indulgencia) que la víctima si los tiempos se apresuran, si el proceso es prácticamente una exigencia de la institución en que se produjo la vulneración de la víctima, o si el mediador carece del tacto, los conocimientos y la madurez que se precisan en este terreno tan resbaladizo.

Demos por supuesto que se ha reconocido desde el principio, en cualquier proceso de escucha y reparación (que ya es verdadera justicia restaurativa, aunque no intervenga el agresor), que hay que prevenirse contra hablar tanto de las personas vulnerables. Las hay, desde luego; pero la mayor parte de los casos se descubre en la agresión que todos somos vulnerables y que, de hecho, es el ataque mismo, la vulneración misma la que lo muestra. Este punto es esencial para que no termine una víctima siendo revictimizada constantemente por la idea de que ella tenía ya de antemano algo que propiciaba que fuera agredida.

Partiendo de ello, queda claro que hay muchos procesos de sanación que no tienen necesidad alguna de un encuentro final entre agresor y víctima. En cierto modo, la escucha, la renovada solicitud de la comunidad y de alguna persona en concreto, actúan de sacramento de reconciliación en el que la víctima se reconcilia, efectivamente, con su antigua iglesia, con Dios y consigo misma — nadie se puede perdonar a sí mismo, pese a lo que la jerga psicológica dice con frecuencia; pero es imprescindible acomodarse a vivir consigo mismo aceptándose y queriéndose —. Si no se comprende que esto es la verdad del proceso de atención solícita a las víctimas, no se podrá ver que en el final importa mucho más algún rito propiamente sacramental que el encuentro con el victimario. La comunidad es perdonada por la víctima porque sinceramente le pide perdón y ejercita con ella un proceso de justicia — quizá en varios sentidos, incluido el penal —. Nadie, ni Dios, desde luego, tiene nada que perdonar a quien ha sido vulnerado -aunque la víctima, si se ha conservado en el interior de su iglesia, seguramente habrá recurrido al sacramento de la penitencia como otro recurso más para verse libre de la vergüenza y de esa apariencia de culpabilidad que hay en la desdicha y en la revictimización-. Pues bien, Causse propone crear un rito nuevo de celebración cuando el proceso piense la víctima razonablemente que ha llegado a culminar. Este rito inédito de reconciliación deberá ser una aportación que las propias víctimas hagan a la riqueza litúrgica de su iglesia, y significará — son palabras recogidas de una intervención oral de este pensador — [82] una piedra de toque en las bases de la reforma estructural que, como se ha visto en las páginas anteriores, necesita ya, ahora, la Iglesia.

---

[82] Recoge esa intervención Geneviève Comeau en su texto citado en nota 1. Causse es un excelente pensador, autor de propuestas acerca del problema del perdón colectivo extraordinariamente agudas. Véanse sus libros *Le geste du pardon. Parcours philosophique en débat avec Paul Ricoeur* (Kimé, París, 2014) y *Le pardon ou la victime relevée* (Salvator, París, 2019).

SOBRE OS AUTORES

Helio Figueiredo da Serra Netto

Doutor em Sociologia pelo PPGSA/UFPA; mestre em Antropologia Social pelo PPGCS/UFPA; e docente da Universidade do Estado do Pará (Uepa) e do Instituto Estadual Carlos Gomes (IECG).

E-mail: ranehelio@gmail.com

Orcid: 0000-0002-8644-8943

Helmut Renders

Doutor em Ciências da Religião pela Universidade Metodista de São Paulo (Umesp) com pós-doutorado em Ciências da Religião pela Universidade Federal de Juiz de Fora/MG (UFJF) e em História da Arte pela Universidade Federal de São Paulo (Unifesp). Professor no PPGCR e na Faculdade de Teologia da Umesp. Membro da Society for Emblem Studies (SES) e Co-Chair do Oxford Institute for Methodist Theological Studies (OIMTS).

Orcid: 0000-0002-2366-5801

Isabel Cristina das Neves Oliveira

Mestra em Sociologia pelo PPGSA da Universidade Federal do Pará (UFPA). Doutoranda em Sociologia no PPGSA/UFPA.

Orcid: 0009-0008-7548-232X

Joana D'arc do Carmo Lima

Doutora em Ciências Sociais pelo PPGSA da Universidade Federal do Pará (UFPA). Professora do Instituto de Ensino de Segurança Pública do Pará (Iesp), membro do Grupo de Pesquisa Imagem, Arte, Ética e Sociedade.

Orcid: 0009-0006-5041-545X

John David Barrientos Rodríguez

Doutor em Filosofia pela Universidad Pontificia Comillas-Madrid. Professor na Universidade de Estudos Estrangeiros de Tóquio (Tufs).

Orcid: 0000-0002-6357-2319

Jorge Oscar Santos Miranda

Bacharel e licenciado em Ciências Sociais com ênfase em sociologia (UFPA). Mestre em Ciências Sociais (PPGSA/UFPA); doutor em Sociologia (PPGSA/UFPA); professor de sociologia (Seduc/PA).

Orcid: 0000-0002-1973-0148

Kátia M. L. Mendonça

Doutora em Ciência Política pela Universidade de São Paulo (USP) com pós-doutorado em Ética pela Universidad Pontifícia Comillas-Madrid. Professora do Programa de Pós-Graduação em Sociologia e Antropologia (PPGSA) da Universidade Federal do Pará (UFPA). Bolsista de Produtividade do CNPq.

Orcid: 0000-0002-0547-8500

Miguel García-Baró López

Membro da Real Academia de Ciencias Morales y Políticas (Espanha). Doutor em Filosofia e Letras pela Universidade Complutense de Madrid. Professor no Departamento de Filosofia e Humanidades da Faculdade de Ciências Humanas e Sociais da Universidad Pontificia Comillas-Madrid.

Orcid: 0000-0002-4576-435X

Rildo Ferreira da Costa

Doutor em Sociologia e Antropologia (UFPA); mestre em Educação (UFPA); especialista em Gestão Escolar (Unama); historiador (UFPA); docente do Centro Universitário da Amazônia (Uniesamaz).

Rosineide de Aquino Oliveira

Licenciada plena em Letras e Artes e suas Literaturas pela Universidade da Amazônia. Mestra em Ciências da Religião (PPGCR/Uepa). Docente do quadro efetivo da Secretaria do Estado do Pará (Seduc/PA).

Orcid: 0009-0007-6368-4808